№ 2
2005

MA'AT

ARCHÄOLOGIE ÄGYPTENS

Impressum Heft II/05:

**Herausgeber und
verantwortliche Redakteure:**
Dr. phil. Mirco Hüneburg
Prof. Dr. phil. Thomas Schneider

Layout:
Benedikt Rothöhler, M.A.

MA'AT erscheint in Kooperation mit
dem „*Ägyptologischen Institut der Universität Heidelberg*"
sowie dem „*Forum der Freunde des Ägyptologischen Instituts
der Ruprecht-Karls-Universität Heidelberg e.V.*".

Namentlich gekennzeichnete Beiträge erscheinen in Ver-
antwortung der Autoren und stellen nicht zwangsläufig
die Meinung der Redaktion dar. Den Autoren obliegt die
Wahl zwischen alter und neuer Rechtschreibung sowie
der Zitierweise.

Manuskripte, Leserbriefe, Anregungen, Fragen, Kritiken,
Bestellungen, etc. richten Sie bitte an...

Kontakt:
Benedikt Rothöhler, M.A.
c/o Ägyptologisches Institut
der Universität Heidelberg
Stichwort: MA'AT
Marstallhof 4, D-69117 Heidelberg

Dr. Mirco Hüneburg
Institute for the History of Ancient Civilizations
Notheast Normal University
130024 Changchun, Jilin Province
P.R. China
E-Mail: maat@hueneburg.org

MA'AT kann zudem bestellt werden über:
www.libri.de und www.amazon.de

Für unverlangt eingesandte Manuskripte
können wir keine Haftung übernehmen.

Herstellung und Verlag:
Books on Demand GmbH, Norderstedt.

ISBN 3-8334-3797-9

Schutzpreis: € 9,50

Editorial

Das Alte Ägypten gilt als Welt goldener Pharaonen und Gottkönige, umhüllt von Weihrauch, Myrrhe und Märchenpracht, ein mystisches Land, überreich an imposanten Tempeln, die von geheimnisvollen Göttergestalten bewohnt werden. So wird jenes Bild gezeichnet, das weltweit viele Menschen mit dem Pharaonenland assoziieren. Die berühmten Funde aus dem Grab des Tutanchamun haben diesen Eindruck mitgeprägt. Doch die ägyptologische Forschung hat auch eine andere Realität zutage gebracht. Viele Tempel waren zugleich bedeutsame Wirtschaftszentren mit Handel und Verkehr, eigenen Länderein und notwendiger Verwaltung. Umgeben waren diese Tempel von Siedlungen und Städten, in denen der Alltag genauso von praktischen Notwendigkeiten geprägt war, wie in heutigen Städten. Und in ihnen wohnten, lebten und arbeiteten Menschen mit jedermanns Sorgen: Familie, Ernährung, Arbeit und manchmal Hunger und Elend. Mehr und mehr rückt das Leben der breiten Masse in das Blickfeld der Ägyptologie. Es wird deutlich, wie sehr die königliche und göttliche Pracht auf dem Fundament der arbeitenden Bevölkerung gründet. Auch wenn solches niemals ernsthaft in Frage gestellt wurde, außer vielleicht von denen, die das Werk der Pyramiden den Außerirdischen zuschreiben, so wird doch allzu schnell das Auge vom Reichtum der Grabschätze geblendet. Das Leben der einfachen Menschen bleibt oft unerkannt im Schatten. Problem ist hierbei die Befundsituation. Die Hinterlassenschaften des Alten Ägypten sind zuvorderst die Hinterlassenschaften einer Elitekultur. Priester, hohe Amts- und Würdenträger, noble und vornehme Familien, Pharao und seine königliche Sippschaft, sie waren es, die sich in ihren Gräbern und Monumentalbauten verewigt haben. Vom Wüstensand und Nilschlamm bedeckt worden sind jedoch die Häuser und Gräber der einfachen Menschen. An die Armen erinnern keine Denkmale. Oft ist es ein archäologischer Glücksfall, wenn Siedlungen und Friedhöfe sowie Alltagsgegenstände und Schriftdokumente aus dem privaten und beruflichem Leben des Volks gefunden werden.

Um so mehr gilt es, solchen Glücksfällen Beachtung zu schenken, auch wenn die Tourismusindustrie, öffentliche Museen und die Medien die Goldschätze und Königsgräber gern ins Rampenlicht rücken. Insofern wird auch in dieser **Ma'at**-Ausgabe das sozialhistorische Thema nicht ausgespart: Thomas Schneider beschreibt die Perspektive der ägyptischen Geschichte „von unten".

Sehr aktuell und bemerkenswert ist auch ein völlig anderer Aspekt, den Kathlyn M. Cooney in ihrem Artikel aufgreift. Insbesondere in den Vereinigten Staaten, aber auch in Frankreich, läßt sich beobachten, wie mehr und mehr Amerikaner und Europäer afrikanischer Abstammung das Alte Ägypten für sich neu entdecken. Die pharaonische Kultur dient oft als Projektionsfläche für den verständlichen Wunsch, in der multikulturellen Gesellschaft nach Identität und eigenen kulturellen Ursprüngen zu suchen. Ob die Tatsache, daß Ägypten auf dem afrikanischen Kontinent liegt, ausreicht, um eine ethnisch-kulturelle Verbindung zu allen afrikanischen Kulturen südlich der Sahara zu konstruieren, zumal sich die meisten Ägypter selbst kulturell eher dem Mittelraum zuordnen, läßt sich endlos diskutieren. Aber, um ein anderes Beispiel anzuführen, wie viele europäische Adelsdynastien und Völkerschaften haben versucht, ihre Herkunft mit den Protagonisten des Trojanischen Krieges in Verbindung zu bringen, um Alter und Würde der eigenen Herkunft auszuschmücken? Das Geschichtsbild der Historiker und das Geschichtsbild der Menschen, die Geschichte für sich vereinnahmen möchten, sie sind nicht immer vereinbar. Und das müssen sie auch nicht. Jeder hat das Recht, sich nach Belieben mit kulturellen Gütern zu identifizieren – solange die Gefühle anderer nicht verletzt werden.

Mirco Hüneburg

Inhaltsverzeichnis:

Zwischen Ägyptologie und Afrozentrismus [1]

von Kathlyn M. Cooney

In der modernen akademischen Welt vermischen sich die Felder der Ägyptologie und des Afrozentrismus nur sehr selten. Amerikanische Ägyptologen gehen meist sogar soweit, Afrozentrismus als ein rein politisches Thema anzusehen, das nichts mit ihrer akademischen Forschung zu tun hat. Und obwohl mein eigenes ägyptologisches Forschungsinteresse an Deir el Medina keinen Bezug zum Afrozentrismus hat, bin ich persönlich häufig mit der Überzeugung konfrontiert worden, dass die europäische Zivilisation Afrika kulturell viel zu verdanken hat.

Ich habe ein Jahr lang an der Howard University, einem traditionell afroamerikanischen College in Washington D.C., unterrichtet. Howard wurde in den Jahren vor der Bürgerrechtsbewegung der 1960er Jahre gegründet, als Afroamerikanern der Zugang zu weißen Universitäten und anderen Bildungseinrichtungen in vielen Städten verwehrt wurde. Howards Studentenschaft ist noch immer hauptsächlich schwarz, und die Universität zieht vor allem Studenten an, die in einem afroamerikanischen Umfeld studieren möchten. Hier war ich zum ersten mal dem Afrozentrismus als einer echten, greifbaren, akademischen Philosophie ausgesetzt und habe festgestellt, dass ich das Thema nicht einfach ignorieren konnte.

Meine Studenten haben mich immer wieder gefragt, ob die alten Ägypter schwarz gewesen seien, worauf ich Sie im Gegenzug gefragt habe, wie sie denn „schwarz" definieren würden. Diese Gegenfrage regte immer wieder sehr engagierte und hitzige Diskussionen über Hautfarbe, Ethnizität und kulturelle Identität in unserer modernen Gesellschaft an, die viele neue Aspekte aufwarf.

Wir diskutierten über Definitionen und unterschiedliche Ansichten der ethnischen Zugehörigkeit in Nord- und Schwarzafrika.

Abb. 1: Das Gesicht von König Amenhotep III, Statue von Atum im Luxor Museum, Luxor Cachette.

Im Endeffekt liefen alle diese Diskussionen auf ein und dasselbe hinaus: die schwierige Frage, was es heißt „afrikanisch" oder „afrikanischer Abstammung" zu sein. Afrika ist nun mal ein sehr großer Kontinent. Die meisten Afroamerikaner stammen von der Westküste Schwarzafrikas. Haben sie da einen Anspruch auf Ägypten, weil es sich auf dem gleichen Kontinent befindet? Warum sollten wir den Studenten dieses kulturelle und geschichtliche Erbe verwehren, wenn es ihnen doch so wichtig ist? Und worauf begründet sich dieses Verlangen?

---

[1]Zuerst vorgetragen an der Ständigen Ägyptologen Konferenz in Basel, Juli 2003, unter dem Titel: „Afrozentrismus – Zwischen *km.t* und *misr.*"

Mehrere Studenten in Howard haben mir berichtet, dass ihre Dozenten für Afrozentrismus Ihnen erklärt haben, dass Amenhotep III. der erste König gewesen sei, der den Mut gehabt habe, sich als der schwarze Mann darstellen zu lassen, der er war – mit einer breiten Nase und wulstigen Lippen (**Abb. 1**, S. 6). Darauf möchten die meisten von uns wahrscheinlich mit einem Augenrollen und der Frage reagieren: welche Europäer sollen den Ägyptern denn gesagt haben, dass ihre Hautfarbe und ihr Haar minderwertig seien, wo doch der Großteil des antiken Nordafrikas und des Mittelmeers unter ägyptischer Kontrolle standen? Eine solche Überlagerung der antiken Gesellschaft mit rassischen Einteilungen und Vorurteilen ist erst durch den modernen – oder vielleicht besser gesagt, postmodernen – Revisionismus möglich geworden.

Aufgrund solcher Beispiele tun wir den Afrozentrismus instinktiv als lächerlich und nicht auf unsere ernsthafte ägyptologische Wissenschaft anwendbar ab. Häufig empfinden wir dieses Thema in den USA als lästige Behinderung unserer Lehre und Forschung und sagen uns, dass die Moderne und die Antike nur sehr wenig miteinander zu tun haben. Wenn wir jedoch Walter Emerys ägyptologische Untersuchungen zur „dynastic race"[2] und George Reisners Annahme, dass sich die Ägypter mit Indo-Europäern vermischt haben,[3] betrachten, wird klar, dass die Erforschung der Antike immer von moderner Politik und postmodernen Ansichten bezüglich „race" und Ethnizität beeinflusst wird. Ich bin mir sogar sicher, dass die meisten Ägyptologen bereits eine feste Vorstellung von der Hautfarbe oder Ethnizität der antiken Ägypter haben.

Daher ist es für Ägyptologen sowie Altphilologen und Althistoriker sinnvoller, das Thema des Afrozentrismus historiographisch zu betrachten, die vielen falschen Folgerungen der afrozentristischen Lehre hinter sich zu lassen und ihr Augenmerk auf die durchaus legitimen Gefühle hinter diesem Anspruch auf das antike Ägypten zu richten. Warum muss überhaupt ein Anspruch auf die erste Zivilisation erhoben werden? Warum muss bewiesen werden, dass die europäische Zivilisation ihre Wurzeln in der afrikanischen Welt hat?

Hier möchte ich nicht die Fakten der beiden Seiten dieser Debatte einzeln diskutieren, sondern die Gründe für das Bestehen des Afrozentrismus in den USA untersuchen und gleichzeitig für eine offenere und positivere Einstellung der Ägyptologen, Altphilologen und Althistoriker gegenüber diesem wachsenden Bereich eintreten.

Anhänger des Afrozentrismus behaupten, dass die nordafrikanische, vor allem die ägyptische Kultur als Quelle für vieles, was wir heute als griechisch betrachten, angesehen werden sollte. Dementsprechend sei Afrika die eigentlich Quelle der europäischen Zivilisation. Martin Bernal und sein Buch „Black Athena" stehen im Vordergrund dieser Diskussion.[4] In diesem Buch versucht Bernal zu beweisen, dass Ägypten einen sehr starken Einfluss auf die griechische Sprache, Religion, Philosophie, Wissenschaft und sogar das politische System hatte. Andere einflussreiche Afrozentristen, wie zum Beispiel Molefi Asante,[5] der den Begriff „Afrozentrismus" prägte, Cheikh Anta Diop,[6] der viele Verschwörungstheorien hervorgebracht hat, und George G.M. James mit seinem Buch *Stolen Legacy*[7] vertreten ähnliche Standpunkte. Leider muss man über den Afrozentrismus sagen, dass ein Großteil der Forschung auf diesem Gebiet viel zu wünschen übriglässt und dass viele der Behauptungen zum Einfluss Ägyptens auf die griechische Welt aus der Luft gegriffen sind. Ein bekanntes Beispiel dafür hat mit dem Afrozentristen Yosef Ben-Yochannan[8] zu tun, der behauptet hat, Aristoteles habe philosophische Bücher und Ideen aus der Bibliothek von Alexandria gestohlen, obwohl die Bibliothek erst ca. 20 Jahre nach Aristoteles' Tod gegründet wurde. Auch Martin Bernal wurde vielfach für seine ungenaue Interpretation der linguistischen Beweise, seine selektive Untersuchung antiker Dokumente und seine Verwendung mythologischer Erzählungen als tatsächliche Geschichte kritisiert. Bernal und seine größte Kritikerin, Mary Lefkowitz, publizieren immer wieder Antworten und Gegendarstellungen, in denen sie wissenschaftliche Tatsachen diskutieren und sich gegenseitig, versteckt oder auch sehr offen, angreifen und beleidigen. Wenn wir uns jedoch in solch eingeschränkte und engstirnige Diskussionen verstricken, verlieren wir den Blick für das Ganze.

---

[2] Walter B. Emery, *Archaic Egypt* (Baltimore: Penguin Books, 1961).
[3] George Andrew Reisner, *Excavations at Kerma* (Cambridge, MA: Peabody Museum of Harvard University, 1923).

[4] Martin G. Bernal, *Black Athena: The Afro-Asiatic Roots of Classical Civilization.*, 2 vols. (London: Free Association Books, 1987).
[5] Molefi Kete Asante, *Afrocentricity* (Trenton, NJ: Africa World Press, 1988).
[6] Cheikh A. Diop, „Origin of the Ancient Egyptians, " in *General History of Africa*, ed. G. Mokhtar (Paris: UNESCO, 1981).
[7] George James, *Stolen Legacy: The Greeks were Not the Authors of Greek Philosophy but the People of North Africa Commonly Called the Egyptians* (New York: Philosophical Library, 1954).
[8] Yosef Ben-Jochannan, *Africa: Mother of Western Civilization* (Baltimore: Black Classic Press, 1971).

Unabhängig von den wissenschaftlichen Fehlern, der fragwürdigen Methodologie und der problematischen Forschung geht es hier eigentlich um eine politische Frage: Bernal behauptet, dass die Wissenschaft, die er als „arisches Model der Wissenschaft" bezeichnet, ignoriert, dass die europäische Gesellschaft der afrikanischen Welt viel verdankt. Allein diese Behauptung politisiert akademische Themen, von denen Ägyptologen und vor allem Altphilologen und Althistoriker glauben, dass sie keinerlei politischem Einfluss unterliegen sollten. Bernal verwendet das Wort „arisch", einen Begriff, der seit dem 20. Jahrhundert sehr negativ besetzt ist, um seine Einstellung sehr offensichtlich und aggressiv darzustellen. *Black Athena* wurde aus all den genannten Gründen stark kritisiert, dennoch verstehen einige Wissenschaftler, dass der Gedanke, der hinter all diesen faktischen Fehlern steht, der wichtigste Teil von Bernals Arbeit ist.

In seinem in Mary Lefkowitz' Buch *Black Athena Revisited* erschienenen Artikel „The Baby and the Bathwater" schreibt Mario Liverani, dass wir Wissenschaftler „will keep what we like […] his baby, but we must throw out all his dirty water."[9]

Wir Ägyptologen möchten gerne glauben, dass wir die Ägypter mit Hilfe der antiken Texte und der archäologischen und visuellen Quellen zu unseren eigenen Bedingungen erforschen können, aber es ist uns unmöglich, uns vollkommen von unserer eurozentristischen Sicht von Ägypten freizumachen. Die Politik wird die akademische Welt immer beeinflussen. Wir Ägyptologen müssen verstehen, wie die moderne Gesellschaft die antike Kultur Ägyptens interpretiert und manipuliert. Wir können dies nicht einfach ignorieren. Zum Beispiel hält der Anthropologe Wim van Binsbergen von der Universität Leiden fest:

„Such dismissal would then turn out to be a confirmation of the *status quo*, a continuation of the processes of exclusion to which Black people, inside and outside the African land mass, have been subjected for centuries".[10]

Auch der Altphilologe und Althistoriker Thomas Schmitz von der Universität Kiel schreibt:

„Even if these assumptions do not hold water, they have to be taken seriously as expressions of a widespread social malaise. Hence it is important to grasp the causes of this distrust".[11]

Schmitz stellt fest, dass der Erfolg von *Black Athena* Bernal im Endeffekt Recht gegeben hat. Das große öffentliche Interesse an diesem Buch war beispiellos, und es wäre falsch, diese starke Reaktion einfach zu ignorieren. All dies wirft ein altes Dilemma auf: wie wird Geschichte geschrieben und wie können wir die Wahrheit finden?

Laut Molefi Asante, der den Begriff „Afrozentrismus" geprägt hat, hat die Forschung gezeigt, dass die griechische Kultur Ägypten kulturell viel zu verdanken hat, dass die akademische Welt diese Tatsache anerkennen muss und dass die Erforschung der Weltgeschichte mit der afrikanischen und orientalischen Welt beginnen sollte. Im Grunde stellt der Afrozentrismus die Methoden, die die moderne Wissenschaft für die Interpretation und Identifikation antiker Kulturen verwendet, historiographisch in Frage. Ann Macy Roth ist eine der wenigen Ägyptologen, die dieses Thema behandelt hat, was nicht weiter erstaunlich ist, wenn man bedenkt, dass sie die letzten zehn Jahre an der Howard University gelehrt hat.[12] Roth hat aufgezeigt, dass es den meisten Ägyptologen sehr gelegen käme, wenn bewiesen werden könnte, dass viel von dem, was als europäisch oder aus dem Mittelmeerraum stammend angesehen wird, einen ägyptischen Ursprung hätte. Die meisten Ägyptologen sind stolz auf das Volk, das sie erforschen, und möchten sich beschützend vor es stellen. Und das ist wahrscheinlich auch der Grund, warum diese Debatte hauptsächlich zwischen Afrozentristen auf der einen Seite und Altphilologen und Althistorikern auf der anderen Seite geführt wird, weil sich letztere angegriffen fühlen. Ägyptologen sind von diesem Thema nicht so direkt betroffen. Was aber nichts an der Tatsache ändert, dass die meisten Ägyptologen europäischer Abstammung sind – Begünstigte eines Kolonialsystems europäischer kultureller und politischer Vorherrschaft.

Für viele Wissenschaftler, vor allem europäische Ägyptologen, ist es einfach, Afrozentrismus als ein rein amerikanisches Problem anzusehen, und in vielerlei Hinsicht ist es das sicher auch. Aber in seinem Kern ist dies ein weltweites Problem der Historiographie. In Israel zum Beispiel wird die Archäologie oft von modernen politischen Gruppen genutzt, um eine bestimmte politische Agenda, die Ethnizität mit einem bestimmten Ort verbindet, zu unterstützen.

[9] Mario Liverani, „The Bathwater and the Baby," in *Black Athena Revisited*, ed. Mary Lefkowitz and Guy Maclean Rogers (Chapel Hill: University of North Carolina Press, 1996).

[10] W. van Binsbergen, „Is there a Future for Afrocentrism despite Stephen Howe's Dismissive 1998 Study?" (paper presented at the Colloque sur l'Afrocentrisme, Centre de Recherches Africaines, May 2, 2000, Universite Paris-I (Sorbonne), 9 Rue Malher, Paris, 2000).

[11] Thomas A. Schmitz, „*Ex Africa lux? Black Athena* and the Debate about Afrocentrism in the US, " *Göttinger Forum für Altertumswissenschaft* 2 (1999).

[12] Ann Macy Roth, *Building Bridges to Afrocentrism: A Letter to my Egyptological Colleagues* (http://www.sas.upenn.edu/African_Studies/Articles_Gen/afrocent_roth.html, 1996 [cited July 2003]).

Moderne Ansprüche auf antike Kulturen, die eine moderne ethnische Identität begründen sollen, zeigen, wie und warum moderne politische Bewegungen echte und erfundene Verbindungen zu den antiken Zivilisationen herstellen. Andererseits kann auch eine Nicht-Identifikation für eine moderne politische Agenda genutzt werden. Ein gutes Beispiel dafür ist die Zerstörung der antiken Buddhas von Bamiyan durch die Taliban im Jahre 2001. Mit dieser Tat haben die Taliban, die die kulturelle Vorherrschaft innehatten, ganz klargestellt, mit wem sie sich NICHT identifizieren wollten.

Unabhängig davon, ob wir glauben, dass in der politischen Verbindung der Antike mit der Moderne ein Vorteil liegt oder nicht, stehen wir mit Bezug auf Ägypten vor einer interessanten Situation: Überall auf der Welt beanspruchen Völker afrikanischen Ursprungs, die Rassismus, Diaspora, Kolonialisierung und Entwurzelung erlitten haben, das antike Ägypten als ihre kulturelles Erbe. Sie glauben, dass die antiken Ägypter schwarz oder „Farbige" waren. In Howard hatte ich Studenten, deren Eltern sie Nefertiti und Ramses genannt haben. Ein Literaturstudent aus meinem Kurs für Mittelägyptisch reichte Originalgedichte in Hieroglyphen ein und verband so seine afroamerikanische Kultur mit der des antiken Ägypten. Berühmte schwarze NBA- Basketballspieler wie Rasheed Wallace haben sich die Szene mit dem Sonnengott Aton aus Amarna auf den Oberarm tätowieren lassen (**Abb. 2**).

Dies alles sind kulturelle Entscheidungen eines entwurzelten und entrechteten Bevölkerungsteils, der Bestätigung sucht. Es sind Menschen, die offiziell unabhängig und frei sind, das zu tun, was sie möchten, sich aber in einem System wiederfinden, wo dieser Anspruch nicht in die Tat umgesetzt werden kann. Daher suchen sie Inspiration und Vorbilder, an denen sie sich orientieren können – einige finden diese in Sportlern oder Musikern oder in Gangs, andere wiederum in ihren antiken Wurzeln.
All dies existiert wegen der Situation einer afroamerikanischen Bevölkerung, die dazu gezwungen wurde, ihre Heimat zu verlassen. Die gegenwärtige Aneignung der Ägyptologie durch die Afrozentristen ist das intellektuelle Äquivalent der Assimilierung von Hip-hop-Musik in die Mainstream-Kultur. Positiv gesehen: die schwarze Popkultur gewinnt an Lebendigkeit und Innovation, mit der sie endlich das Vakuum füllen kann, das durch die Ablehnung der ihr aufgezwungenen weißen Kultur entstanden ist. Diese gesellschaftliche Bewegung besteht seit mehr als 100 Jahren und hat sich von Jazz und Rhythm & Blues (den sich weiße Bands zu eigen machten) zur offeneren „schwarzen" Popkultur von heute entwickelt.

Abb. 2: Der NBA-Basketball-Spieler Rasheed Wallace mit der auf seinen Oberarm tätowierten Darstellung des Sonnengottes Aton aus Amarna

Heute ist die afroamerikanische Popkultur in den USA so stark und lebendig, dass sich Kinder der weißen Mittelklasse jetzt anziehen wie ihre schwarzen Altersgenossen und auch deren Umgangssprache verwenden (das heißt, sie reden „schwarz" und ziehen sich „schwarz" an). Sie ist zu einer dominanten, urbanen Bewegung geworden, die die Grenzen der Hautfarbe, wegen derer sie entstanden ist, überschreitet.

Eine Facette dieser Bewegung ist die enge Assoziierung der schwarzen Afrikaner mit dem schwarzen Ägypten. Aber wenn sie einen modernen Ägypter fragen, ob er „schwarz" ist, wird er dies vehement verneinen und sagen, dass er Araber ist und Nordafrikaner, Bewohner des Nahen Ostens.

Offenbar wird es in unserer postmodernen Welt immer schwieriger, „race" zu definieren, und unsere Voreingenommenheit macht es noch schwieriger, wenn wir die Identität in der Antike definieren wollen. Diese Themen werden von vielen unterschiedlichen Gruppen aus unterschiedlichen modernen Völkern für sich genutzt, die sich mit denen assoziieren, mit denen sie sich verbunden fühlen.

In den USA gibt es zum Beispiel nur sehr, sehr wenige afroamerikanische Ägyptologen – und keine an den renommiertesten ägyptologischen Instituten. Das liegt daran, dass die Ägyptologie als „weiße" Disziplin gilt, was eine durchaus richtige Annahme ist. Junge schwarze Menschen, die sich für ein weiterführendes Studium der Antike interessieren, fühlen sich aufgrund Ihrer Hautfarbe und Identität häufig von polemischen und politischen afrozentristischen Debatten angezogen und nicht von der Ägyptologie.

Die meisten unter ihnen glauben, dass sie ihre Wurzeln verkaufen und sich von der weißen Kultur, die ihnen aufgezwungen wurde, kaufen lassen, wenn sie sich für die traditionelle Ägyptologie entscheiden.

Ob es uns gefällt oder nicht, es zu sagen, die Ägyptologie hat eine europäische Ausrichtung, da sie größtenteils von Europäern oder Menschen europäischer Abstammung geprägt ist. Der Kolonialismus hat diese kulturelle Hegemonie ermöglicht, genauso wie er der Grund dafür ist, dass ein europäischer Doktortitel oder ein amerikanischer PhD die am meisten anerkannten Titel für *ägyptische* Ägyptologen sind. Ironischerweise ignorieren wir jedoch sehr oft bei unserer Forschung die Möglichkeit, dass Hautfarbe und Identität eine sichtbare Auswirkung auf die Antike gehabt haben. Und wir leugnen die Möglichkeit, dass die Antike eine politische Funktion in unserer postmodernen Gesellschaft hat. Wir bevorzugen zu oft ein steriles Umfeld, was es uns leichter macht, dieses komplizierte Gebiet anzugehen und komplizierende Faktoren fern hält.

Es gibt sogar den Vorwurf, Ägyptologen und Altphilologen bzw. Althistoriker hätten sich verschworen, um die Wahrheit vor der Welt geheim zu halten. Das mag uns lächerlich vorkommen. Aber anstatt diese Vorwürfe als lächerlich abzutun oder defensiv darauf zu reagieren, sollten wir unsere eigenen Voreingenommenheiten, Annahmen und Methoden noch einmal untersuchen und schauen, ob wir dem *antiken* Ägypten in einem komplizierten, *modernen*, multikulturellen Kontext den richtigen Platz zugewiesen haben.

Wir müssen uns und anderen eingestehen, dass in der Ägyptologie eine europäische intellektuelle Voreingenommenheit herrscht.

Damit stellt sich die Frage: Welche Auswirkungen hat diese Voreingenommenheit auf die Wissenschaft? Und: Wer hat einen Anspruch auf diese antike Gesellschaft? Warum sollte überhaupt jemand einen Anspruch darauf haben?

Ich habe zum Beispiel von einem afroamerikanischen Künstler gehört, der Hieroglyphen in seine Bilder integriert hat, weil sie Teil seines afrikanischen Erbes seien. Dieser Mann hat die Symbole, die er – falsch – auf seine Leinwand gemalt hat, nicht verstanden, aber als Mensch afrikanischer Abstammung hatte er einen symbolischen Anspruch darauf (**Abb 3**).

In den USA eignen sich Menschen und Gruppen, die glauben, sie hätten ein Anrecht darauf, die antike ägyptische Kultur jeden Tag aufs neue an und verklären sie mythologisch. Dieses Verhalten ist nur menschlich und vollkommen unabhängig von Zeit und Kultur. Auch die antiken Ägypter waren da nicht anders. Als ich für meine Doktorarbeit recherchierte, habe ich zum Beispiel einen Sarg der 21. Dynastie aus Saqqara gefunden,[13] der mit unsinnigen Hieroglyphen beschrieben war – mit einer Schlangenlinie, einem Zeichen für ein Auge und einer Tilde –, einer Reihe von Zeichen ohne phonetische und grammatikalische Bedeutung (**Abb 4**, S. 11).

Diese unsinnigen Hieroglyphen wurden von einem Teil der Gesellschaft verwendet, der aus der kulturellen Vorherrschaft ihrer Welt ausgeschlossen war. Diese Menschen gehörten nicht der Oberschicht an und konnten daher die Schrift nicht verstehen. Und obwohl sie dieses Wissen nicht hatten, wussten sie, dass diese Zeichen wichtig und erstrebenswert waren. Es war etwas, mit dem sie sich identifizieren wollten. Diese Menschen wollten sich einem bestimmten Teil der Gesellschaft zugehörig fühlen, und sie wollten diese magische Sprache für sich nutzen, auch wenn die Zeichen, die sie schrieben, vollkommen sinnlos waren.

Die modernen Afroamerikaner stellen eine Verbindung mit den antiken Ägyptern zu ihren eigenen modernen und politischen Bedingungen her, weil eine sehr starke Macht hinter dieser Verbindung steht. Sie stellen sich damit – zeitlich und hierarchisch – über Menschen europäischer Abstammung.

Abb 3: *The Survival Committee*, von Paul Walters, 1970, aus der Reihe *Syllables of Survival*, nach: *Black Artists: Two Generations*, The Newark Museum May 13 - Sept. 6, 1971.

---

[13] Geoffrey Thorndike Martin, *The Hidden Tombs of Memphis: New Discoveries from the Time of Tutankhamun and Ramesses the Great* (London and New York: Thames and Hudson, 1991).

Meines Erachtens ignorieren Wissenschaftler wie Mary Lefkowitz und Stephen Howe,[14] die sich beide auf die ungenügende Genauigkeit der afrozentristischen Studien konzentrieren und einen einseitigen Ansatz verfolgen, einen wichtigen Punkt, wenn sie den Afrozentrismus als einen gefährlichen Mythos abtun, der Unwahrheiten in der Gesellschaft verbreitet. Es stimmt, dass es im Afrozentrismus viele Unwahrheiten gibt. Und es stimmt auch, dass ein großer Teil der Recherche ungenügend ist und schlecht durchgeführt wird. Aber statt Martin Bernal oder Cheikh anta Diop Punkt für Punkt zu widerlegen, sollten wir uns auch auf die historiographische Debatte konzentrieren – auf diese intensive, populäre Bewegung, die die antike ägyptische Kultur beansprucht und sie sich aneignen will, die einen Anspruch erhebt auf ein gestohlenes Vermächtnis, und zwar deshalb, um im Vergleich mit der europäischen Welt Macht zu erlangen. Letztendlich handelt es sich hier schlicht und einfach um eine Diskussion über Macht.[15] Der Anspruch der Afrozentristen auf das antike Ägypten gibt ihnen Macht über die europäischen Gesellschaften, da sie nun die Quelle der europäischen Kultur sind.

Viele Kritiker des Afrozentrismus – einschließlich Clarence Walker – haben herausgestellt, dass die afrozentrische Sichtweise selbst eigentlich eurozentristisch ist, da Afrika nur „gewinnen" kann, wenn es beweisen kann, dass es einen Anspruch auf die Entstehung der europäischen Kultur hat. Sie kann nicht in dem Wert der afrikanischen Kulturen allein bestehen.[16]

Der Afrozentrismus hat nur dann einen Wert, wenn er sich auf Afrika konzentriert und *alle anderen Zivilisationen, die dieser einen vorausgingen, ergreift.* Guy MacClean Rogers hat hierzu geschrieben:

> It is simply another form of colonialism to insist that the Egyptians and Phoenicians have value only if they taught the Greeks 'civilization.'[17]

Auch die antiken Ägypter wussten sehr wohl, was es bedeutet, sich etwas zu eigen zu machen. Die Usurpationen auf antiken Monumente, das Überschreiben von Inschriften, Archaismen – all dies waren politische Versuche der Pharaonen und anderer unrechtmäßiger Machthaber, eine Verbindung zwischen sich und einer ägyptischen Zivilisation herzustellen, die viel älter war als ihre eigene – und dieser Anspruch verlieh ihnen Macht.

Abb. 4: Sarg aus dem Grab des Iurudef mit unsinnigen Hieroglyphen, nach G. Martin, *The Hidden Tombs of* Memphis (London / New York: 1991), 145, fig. 97.

Sollten wir uns nicht bemühen, wie Thomas Schmitz es vorschlägt, die Lücken von Black Athenas historiographischer Forschung zu füllen und zu verstehen versuchen, wie kulturelle und ethnische Identität und Vorherrschaft politische und kulturelle Macht verleihen? Diese Themen berühren sowohl die antike wie auch die moderne Welt.

Wir können beispielsweise nur raten, wie die antiken Ägypter die nubischen schwarzen Besatzer der 25. Dynastie wirklich gesehen haben. Galten sie als die Retter, die Ägypten von der zerrütteten libyschen Stammesherrschaft befreiten, oder, wie die Entfernung der Kartuschen durch die folgende 26. Dynastie suggeriert, als fremde Besetzung durch eine unterschiedliche „race," die aus den Annalen der Geschichte entfernt werden musste?[18]

[14] Mary Lefkowitz, *Not Out of Africa: How Afrocentrism Became an Excuse to Teach Myth as History* (New York: New Republic and Basic Books, 1996). Stephen Howe, *Afrocentrism: Mythical Pasts and Imagined Homes* (London and New York: 1998).

[15] Cf. James Baldwin, *The Fire Next Time* (New York: 1962), 56-105.

[16] Clarence E. Walker, "The Distortions of Afrocentrist History," in *Alternatives to Afrocentrism*, ed. John J. Miller (Washington: 1994).

[17] Guy Maclean Rogers, "Multiculturalism and the Foundations of Western Civilization," in *Black Athena Revisited*, ed. Mary Lefkowitz and Guy Maclean Rogers (Chapel Hill: University of North Carolina Press, 1996).

[18] Cf. Kathlyn M. Cooney, "The Edifice of Taharqa: Ritual Function and the Role of the King," *Journal of the American Research Center in Egypt* 37 (2000).

Ägyptische Geschichte von unten

Einfache Lebenswelten hinter einem ägyptischen Gerichtsprotokoll

von Thomas Schneider

Die Menschen, von denen im Folgenden berichtet werden soll, sind nicht Personen der großen Geschichte. Ihre eigene Geschichte ist verloren. Es sind Menschen vom anderen Ende der gesellschaftlichen Skala, die keine historische Stimme haben, sich nicht Gehör bei der Nachwelt verschaffen konnten. Ägyptische Texte geben dies auch unumwunden zu. „Diese Menschen", so formuliert es ein wohl fiktiver Lebensbericht kurz vor der Wende zum 1. Jahrtausend v.Chr., „werden nicht aus dem Elend herauskommen. Wenn einer mit einer Bitte an seinen Herrn gelangt, wird er abgewiesen, und sein Einspruch wird verdreht werden."[19] Der Text beleuchtet wie kaum ein anderes Zeugnis das soziale Gefälle im alten Ägypten und die Angst, am unteren Ende der Gesellschaft zu leben: ein ägyptischer Priester aus Heliopolis erzählt in ihm von der katastrophalen Wende, die sein Leben nahm. Er wurde schuldlos aus der Stadt gejagt, verstoßen und ist verelendet, seine Sachen wurden geraubt, er selber mißhandelt, sein eigenes Schiff, sein Gespann mit Pferd und Wagen wurden ihm gestohlen, so daß er zu Fuß durch die ägyptische Fremde ziehen muß – zu Fuß laufen ist die Fortbewegung der Armen, der Etablierte läßt sich fahren! – ; er ist vereinsamt, hungert und dürstet, ist Bedrückung und Willkür ausgeliefert, und auch sein Fortleben nach dem Tode ist gefährdet: „Wenn Fleisch und Knochen auf den Hügel hingeworfen werden, wer wird sie dann bestatten?"[20]

Abb. 1, S.13: Gestörte Bestattungen in al-Hayz.

In wenigen Zeilen treten uns hier gegensätzliche Lebenswelten vor Augen. Wie ausgewogen, fragen wir uns, ist unser Blick auf die Menschen des alten Ägypten überhaupt? Da zeigt sich zunächst, daß uns der Bereich des profanen und alltäglichen Lebens kaum direkt bekannt ist. Die im Flußtal liegenden, aus vergänglichen Ziegeln erbauten Städte sind heute abgetragen und überbaut oder wurden, wo sie denn erhalten blieben, kaum je archäologisch erforscht. Vom Alltag erfahren wir aus den Darstellungen der Privatgräber, aber es sind die Gräber der Angehörigen der Elite, die eine selektive und idealisierte Lebenswelt vermitteln.

Abb. 2, S. 13: Idealisiertes Landleben, Grab des Sennedjem

Versuchen wir, etwas präziser zu beziffern, wer uns aus dem alten Ägypten bekannt ist. Von den mehreren Dutzend Millionen Menschen, die in der bestdokumentierten Zeit des alten Ägypten, dem Neuen Reich (1530-1075 v.Chr.), das Land bevölkerten, dürfte höchstens jeder Tausendste (und meist nur dem Namen nach) bekannt sein. Aus vielen Teilen des Landes, ja Großstädten ist uns keine einzige Person überliefert. Den Paradefall günstiger Überlieferung liefert Theben, aus dem die Mehrzahl aller Geschichtsquellen zum alten Ägypten stammt. Theben hatte während des Neuen Reiches eine Bevölkerung von etwa 50.000 Einwohnern, bei einer Generationenlänge von 20 Jahren also eine Gesamtbevölkerung von rund 1,2 Mio. Personen. Aus diesem Zeitraum kennen wir etwas mehr als 1000 Gräber – einer von 1000 konnte sich ein Grab anlegen lassen. Da die Mehrzahl der für das Neue Reich belegten Personen aus Theben bekannt sind, kennen wir aus dieser Stadt verblüffend viele Menschen – vielleicht sogar einen auf 50. Und doch: diese Personen sind mehrheitlich Angehörige der Oberschicht, die übrigen 98%, Menschen meist mittlerer und unterer Gesellschaftsschichten, bleiben uns unbekannt.

Was tun mit diesen vielen Unbekannten? Ist es überhaupt wichtig, sie zur Kenntnis zu nehmen? Zahlreiche Ägyptologen würden das mit dem Hinweis darauf verneinen, nur das Denken der Elite sei kulturell prägend gewesen und daher von Relevanz. In der Tat ist die Geschichte während langer Zeit vom Zentrum her geschrieben worden, von der Elite, den Zentren politischer und wirtschaftlicher Macht. Und doch hat sich seit einiger Zeit das Interesse der Historiker dem Alltag der „kleinen Leute" zugewandt, „den beschränkten Lebenswelten, in denen sie sich normalerweise aufhalten; aufwachsen, arbeiten, essen, lieben; sich ihre Vorstellungen bilden, ihren Ängsten ausgesetzt sind, ihre Freuden haben oder auch trauern".[21] Zum andern definiert sich die ägyptische Elite – wie wir unten am Beispiel der Berufssatire sehen werden – durch Abgrenzung gegenüber den sozial tiefer gestellten Schichten. Auch die Elite kann also nicht korrekt verstanden werden ohne die Kenntnis der einfachen Leute.

---

[19] Wenamun 4, 5.
[20] Wenamun 3, 11.

[21] C. Meier, Notizen zum Verhältnis von Makro- und Mikrogeschichte, in: Teil und Ganzes (hg. v. Karl Acham/Winfried Schulze) = Theorie der Geschichte. Beiträge zur Historik, Band 6, 1990, 111-140: 115.

Abb. 1: Gestörte Bestattungen in al-Hayz, Bahariya
(Foto T. Schneider)

Abb. 2: Idealisiertes Landleben
(Grab TT 1 des Sennedjem; Édition Photo Paris)

13

Zwei Vorbilder, zu der Geschichte der einfachen Leute vorzudringen, seien kurz angesprochen. Am 2. Mai 1995 um 14 Uhr schließt der Historiker Alain Corbin im Archiv des französischen Departement Orne die Augen und läßt seinen Zeigefinger in den Zivilstandseinträgen des (ebenfalls derart zufällig ausgewählten) Dorfes Origny-le-Butin blindlings auf einen Namen tippen: er tippt auf Louis-François Pinagot, einen armen Holzschuhmacher, dessen Lebenswelt er in der Folge minutiös rekonstruiert[22].

Auf den Spuren eines Unbekannten (so der deutsche Titel) ist er, zu dem er letztlich aber nicht vordringen kann, denn Pinagot beginnt nicht zu sprechen. Daher verweist der französische Titel etwas präziser nur auf des Holzschuhmachers wiedergefundene Welt (Le monde retrouvé de Louis-François Pinagot). Zu sprechen beginnt der einfache Mensch der Vergangenheit nur dort, wo er mit der Obrigkeit in Konflikt geriet, wie beispielsweise in Carlo Ginzburgs epochemachender Untersuchung *Der Käse und die Würmer*. In ihrem Zentrum steht der Müller Domenico Scandella, genannt Menocchio, ein Häretiker aus dem Friaul des 16. Jahrhunderts, der in die Fänge der Inquisition geriet und dessen Weltanschauung in den Prozeßakten die tragische Chance erhielt, uns überliefert zu werden[23].

Wir wollen im Folgenden einen ähnlichen Weg beschreiten, nämlich gleichsam die Akten der altägyptischen Inquisition aufschlagen, Prozeßakten, in denen es zwar nicht um Ketzerei geht – wir wären dankbar, hätten wir Aussagen einfacher Leute über ihren Glauben! –, aber doch um ein Sakrileg, nämlich die Beraubung von Königsgräbern und Tempeln.

Diese Prozesse fanden unter den letzten ramessidischen Königen statt, Ramses IX. und Ramses XI., aus heutiger Sicht am Ende einer Epoche. Ob das dem damaligen Zeitgefühl entsprach, wissen wir nicht; Ramses XI. jedenfalls proklamierte in seinem 19. Jahr (1086 v.Chr.) den Anbruch einer neuen Ära der Wiedergeburt oder Renaissance.

Die moderne Ägyptologie hat aus den aus dieser Zeit erhaltenen Anklageschriften und Prozessakten auf die Verderbtheit dieser Zeit gefolgert, die dann in Konsequenz eben auch untergegangen sei.[24] Das ist sicher zu einfach gedacht. Aus anderen Zeiten, die sicher nicht weniger Anlaß zu Raub und Korruption boten, sind ganz einfach keine Akten erhalten. Es mag weit mehr konfliktfreies Leben gegeben haben, das aber nicht überliefert wurde, oder es mögen Missstände gerade zu der Zeit mit größerem Nachdruck als zuvor angegangen (und damit festgehalten) worden sein.[25]

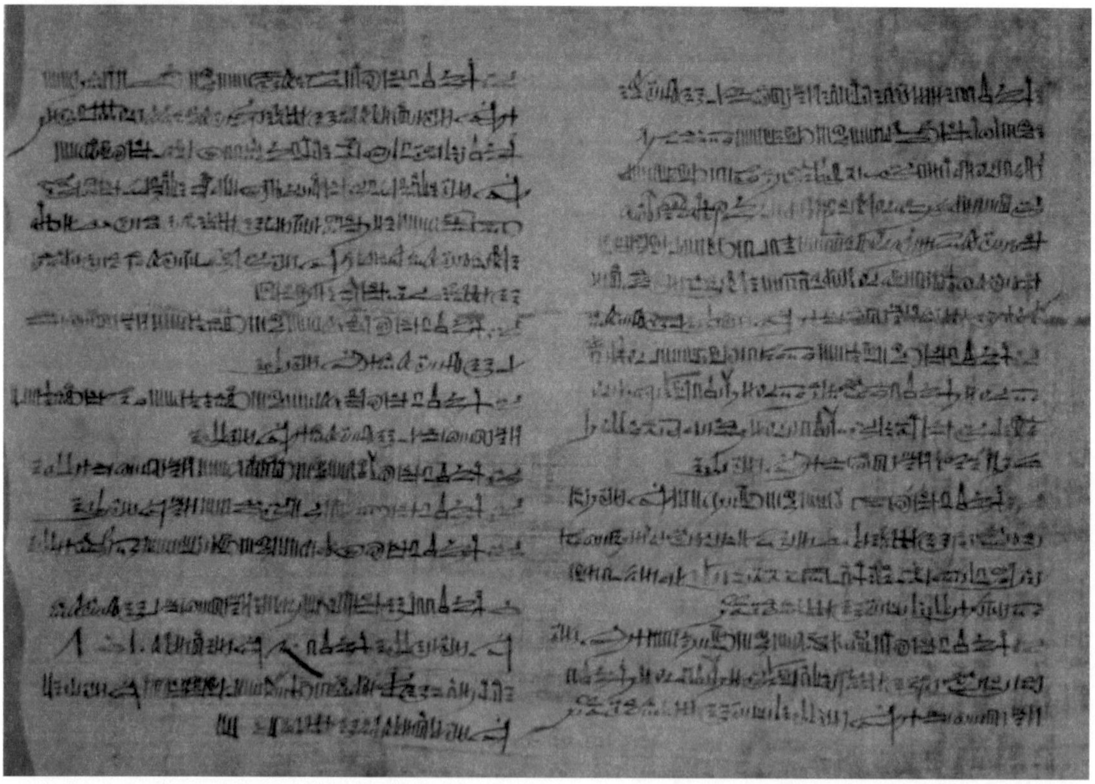

Abb. 3: Grabräuberpapyrus (pBM 10221)

nach R. Parkinson, Papyrus 1995, Abb. 13

[22] A. Corbin, Le monde retrouvé de Louis-François Pinagot: sur les traces d'un inconnu, 1798-1876, Paris 1998 (dt. Auf den Spuren eines Unbekannten, Frankfurt / Main 1999)

[23] C. Ginzburg, Il formaggio ei vermi: il cosmo di un mugnaio del 1500, Turin 1976 (dt. Der Käse und die Würmer, Frankfurt 1979).

[24] Vgl. P. Vernus, Affaires et scandales sous les Ramsès, Paris 1993.

[25] Vgl. A. Esch, Überlieferungs-Chance und Überlieferungs-Zufall als methodisches Problem des Historikers, in: Historische Zeitschrift 240(1985), 529-570.

Allerdings hatte Ägypten am Ende der Ramessidenzeit mit außenpolitischen Bedrohungen und einem Söldneraufstand in Oberägypten zu kämpfen, der das Leben der einfachen Bevölkerung sicher noch verzweifelter machte als es ohnehin schon war. Sogar die privilegierte Arbeiterschaft von Deir el-Medine, die für die königlichen Grabprojekte zuständig war, mußte in dieser Zeit um ihre Versorgung mit dem Lebensnotwendigen kämpfen. In der Vernehmung über die Beraubung einzelner Königsgräber erinnert sich eine Zeugin daran, bestimmte Vorfälle seien „im Jahr der Hyänen, als man hungerte" passiert. Wohlgemerkt: nicht in einem Regierungsjahr des Pharao, sondern im Jahr der Hyänen!

Abb 5: Ostrakon mit Hyäne, Boston MFA (Dia MFA Slide Series 08040)

Wir haben es hier mit der Welt einfacher Leute zu tun, die ihr Leben nach prägenden Ereignissen, nicht nach dem Kalender der Elite strukturieren.
Greifen wir einen etwas weniger bekannten Text heraus, Papyrus British Museum Nr. 10403, und bei dem es um einen recht bescheidenen Vorfall geht: von den Tragstangen einer Statue im Totentempel Ramses' III. in Medinet Habu wurden die kupfernen Enden abgeschlagen und geraubt.

Das Verhör führt der Schreiber Nesamenope von der „Nekropole", d.h. der Behörde des Sakralbezirkes von Theben-West, in dem die Nekropolen und Totentempel lagen (**Abb. 6**).
Angeklagte und Zeugen sind sämtlich Bewohner der Ortschaft, die damals um den Totentempel Ramses' III. in Medinet Habu herum angelegt war.

Abb. 7: Der Tempel von Medinet Habu mit umgebenden Gebäuden, nach Weeks aaO, S. 59

Abb. 6: Luftaufnahme: Das Tal der Könige und der Wüstenrand in Theben-West, nach K. Weeks (ed.), Im Tal der Könige, 2001, S. 25

15

Vertiefen wir uns in den Wortlaut des Textes:

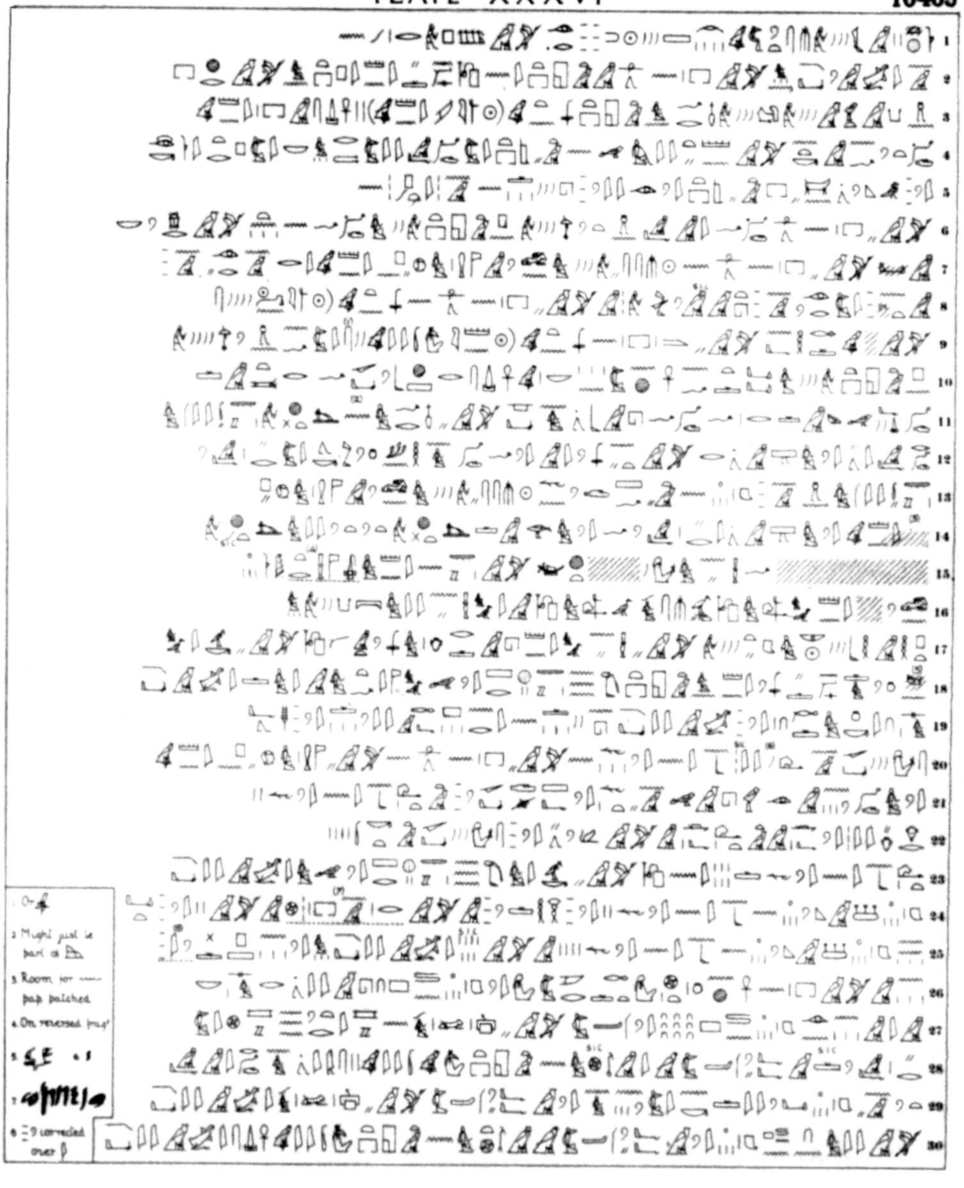

Abb. 4:
Hieroglyphische Umschrift der ersten Hälfte des Textes (pBM 10403) nach Peet

[1] (1) Jahr 2 der Renaissance-Ära, Monat 4 des Sommers, Tag 16.

Entgegennahme der Aussage der (2) Diebe des tragbaren Schreins im Totentempel durch den Schreiber Nesamenope von der Nekropole. (3) Herbeigebracht wurde der Arbeiter Ahautinefer vom Totentempel des Königs Ramses' III. im Tempel des Amun (= Medinet Habu). (4) Man sagte zu ihm: „Du bist der Torhüter dieses Ortes. Nenne uns doch alle Menschen, die du gesehen hast (5), wie sie in diesen Ort hineingingen und sich an den Beschlägen (6) dieses tragbaren Schreines vergriffen.

Er sagte: „Laßt diesen Handwerker Pentahutnacht bringen, damit er euch alles erzähle, was (7) mit diesem tragbaren Schrein des Ramsesnacht passiert ist, der der Hohepriester des Amun war. Die, welche dies taten, (8) waren auch die Männer, welche die Löcher machten im tragbaren Schrein des Königs Ramses II., (9) des großen Gottes, und in der einen Hälfte des Schreines von Sethos I." So sprach er, und der Handwerker (10) Pentahutnacht wurde gebracht. Ihm wurde der Eid auf den Herrscher abgenommen, unter Androhung der Verstümmelung, wenn er nicht (11) wahr aussage. Seine Aussage wurde angehört.

Er sagte: „Der Wärter Painefer schickte den Weber Tatiya zu mir (12) mit den Worten: ‚Komm!' Ich ging zu dem Ort, wo er war, und er sagte zu mir: Macht dich auf zusammen mit (13) Tatiya und bring das Kupfer mit von diesem Traggestell des Ramsesnacht, der der Hohepriester des (14) Amun war. Ich ging mit ihm mit und fand dort den Weber Tutuja und seinen Bruder, ebenfalls Weber (15), und den Wächter des Schiffes Peteenamun und den Weihrauchbrenner (16) Wen…amun, Sohn des Userhat, und den Schreiber Thutmose, Sohn des Userhat, und den Schreiber Hori, Sohn des Senija, und den Obergärtner (17) Ptahemhab, und den Metallarbeiter Paiseni, Sohn des Amunherib – er ist (jetzt) tot ! – und den Schreiber Paibaki, Sohn des Stellvertreters Nesamun vom Totentempel, und den Laienpriester Tatascheri, Sohn des Gottesvaters Hori. Summe der Diebe: (19) zehn Mann, und ich bin der elfte. Sie hoben einige große Steine auf, stellten sich hin (20) und schlugen die Enden der Tragstangen dieses tragbaren Schreines dieses Hohenpriesters des Amun ab. (21) Ich sagte zu ihnen: Lasst das Holz nicht Schaden nehmen, denn sie hatten die beiden mittleren Stabenden abgeschlagen, (22) einen vorne und einen hinten, und schlugen jetzt die restlichen vier (23) Stabenden ab, zusammen sechs. Der Schreiber Paibaki und der Laienpriester Tatascheri waren es, die (24) das Kupfer von zwei Stabfassungen an sich nahmen und es in den Eingang der Häuser legten … Sie gaben (25) uns vier Kupferfassungen für uns neun Diebe. Wir teilten sie (26) unter uns auf, als wir im Haus der Frau Aamer waren; zehn Deben Kupfer entfielen auf jeden (27) unter uns, insgesamt 90 Deben Kupfer. Aber der Söldner Paisaru aus der Gegend von Gebelein (28) zusammen mit dem Söldner Horemwese vom Tempel des Sethos kamen zu mir und sagten: „Gib dieses Kupfer wieder ab, (29) das dir gegeben wurde". So sprachen sie zu mir, und der Fremde Paisaru nahm (30) meine zehn Deben Kupfer und der Fremde Horemwese vom Tempel des Sethos nahm (2, 1) die zehn Deben Kupfer, die dem Metallarbeiter Paiseni, Sohn des Amenherib gehörten. (2) Der Schreiber Thutmose und der Schreiber Hori, Sohn des Senija, stahlen für sich selber noch (3) den Kupferbeschlag dieses Schrein(schlittens?)s, die beiden zusammen." Er leistete (4) einen Eid auf den Herrscher, nämlich: „Wahrheit ist in allem, was ich sage, und sollte man herausfinden, (5) daß ich falsch ausgesagt habe, soll er (der Herrscher) mich pfählen."

(3, 1) Die Frau Taapur wurde herbeigebracht. Sie wurde mit Stockschlägen verhört. (2) Man sagte zu ihr: „Nun, erzähl den Fall von diesem Stück Kupfer, von dem du sagst, daß es im Besitz des (3) Bauers Picharu, Sohnes des Peschnemeh, war, und er die Hälfte davon abschnitt (4) und verkaufte, weswegen du dich zum Haus des Bezirksvorstehers Amenchau begeben hast (5) und es ihm erzählt hast.

Sie sagte: „Ich sagte dem Bezirksoffizier Amenchau: Als ich (6) hungrig unter den Sykomoren saß, da waren Männer dabei, mit dem Kupfer zu handeln, (7) während wir hungernd dasaßen. So sprach ich zu ihm. Er aber hat die Sache (8) Picharu erzählt, ich habe es (ihm) nicht gesagt".

(9) Man brachte den Bauern Picharu, Sohn des Peschnemeh. Er wurde unter Stockschlägen verhört, seine Füße und Hände waren gefesselt. Ihm wurde der Eid auf den Herrscher abgenommen, (11) unter Androhung der Verstümmelung, wenn er nicht wahr aussage. Man sagte zu ihm: „Nun, erzähle uns den Fall von diesem Stabende aus Kupfer, von dem die Frau Taapur sagt, dass es in deinem Besitz war, (13) und das so dick wie der Oberarm eines Mannes ist, und du hast davon die Hälfte abgeschnitten und verkauft. (14) Er sagte: „Falsch, ich habe dieses (Stück des) tragbaren Schreins nie mit eigenen Augen gesehen und es gibt (15) niemanden, der mich anklagen wird." Er wurde erneut unter Stockschlägen verhört. (16) Er sagte: „Ich habe nichts gesehen". Der Schreiber Nesamenope sagte zu ihm: „Aber du warst es, der das [Stück] Kupfer gesehen hat". (17) Er sagte: „Ich habe es nicht gesehen". [Sie sagten zu] ihm: „[Was anbetrifft]… den Sohn von Menti, diesem Söldner, (18) [sag] mir alles, was du in seinem Besitz gesehen hast, von dem es hieß, es gehöre zu diesem tragbaren Schrein". (19) Er sagte: „Was ich sah, waren einige Sachen, die dem Schreiber Pentahutnacht gehörten, (20) die er fortgeschafft hatte und zum Haus des Gottesvaters Amenchau forttrug. Ich habe nichts anderes gesehen."

(22) Die Frau Schedehnacht wurde gebracht, die zweite Frau des Bauern Picharu, die Dienerin beim (23) Wab-Priester und Dieb Tatascheri gewesen war. Sie wurde unter Stockschlägen vernommen; (24) ihre Füße und Hände waren gefesselt. Ihr wurde der Eid auf den Herrscher abgenommen, unter Androhung der Verstümmelung, wenn sie nicht (11) wahr aussage. Man sagte zu ihr: „Als du Dienerin beim Laienpriester und Dieb Tatascheri warst (26), da warst du es, die jenen, die hineinkamen, öffnete, und (hinter) denen, die hinausgingen, zuschloss, indem du (?) eine von ihnen warst. Erzähle mir von den Menschen, die du in das (28) Magazin hast gehen sehen, in dem der tragbare Schrein war, um ihn in ihren Besitz zu bekommen". Sie sagte: „Ich habe es nicht gesehen. (25) Hätte ich es gesehen, würde ich es dir sagen". Sie wurde erneut (30) unter Stockschlägen vernommen. Ihr wurde der Eid auf den Herrscher abgenommen, unter Strafe der Verstümmelung nicht falsch auszusagen. (31) Sie sagte: „Ich sah keinen einzigen. Hätte ich einen gesehen, würde ich es sagen".

Fassen wir kurz zusammen! Elf Diebe berauben die Tragstangen einer Statue des Hohenpriesters Ramsesnacht im Totentempel Ramses' III. ihrer kupfernen Abschlüsse. Art und Aussehen der Statue sind nicht ganz klar.

Abb. 7: Andere Statue des Hohenpriesters Ramsesnacht: Naophor in Kairo (nach Legrain, Statues et Statuettes Catalogue Général).

Zu diesem Zeitpunkt war der Hohepriester erst wenige Jahre tot. Am Diebstahl beteiligt waren zunächst elf Personen: ein Arbeiter, ein Handwerker, ein Wärter, drei Weber, ein Schiffswächter, ein Weihrauchbrenner, drei Schreiber, ein Obergärtner, ein Metallarbeiter und ein Laienpriester. Ein Wärter veranlaßt die Beraubung, ein Arbeiter und Türhüter verrät die Delinquenten der Untersuchungskommission. Das Diebesgut wird im Haus einer Frau Aamer unter die Diebe aufgeteilt, wobei ein Schreiber und ein Laienpriester einen Drittel erhalten und die übrigen zwei Drittel auf 9 Personen aufgeteilt werden. Zwei Schreiber werden bezichtigt, noch weiteres Kupfer gestohlen zu haben, und die ganze Diebesbande soll auch an einer früheren Beraubung zweier Königsstatuen – Ramses' II. und Sethos' I. – beteiligt gewesen sein.

Aber das Diebesgut wechselt die Besitzer: Dem Handwerker, der von der Anklage befragt wird, und seinem Kollegen, dem Metallarbeiter, wird die Beute von zwei Ortsfremden wieder abgenommen: einem Mann aus Gebelein (südlich von Theben) und einem Mann vom Totentempel Sethos' I. in Qurna, ebenfalls auf dem thebanischen Westufer. Welche Beziehung zwischen den zwei ursprünglichen Dieben und diesen zwei Männern bestand – etwa eine Schuld? –, ist unklar.

Das Schicksal eines weiteren Teils der Beute wird uns erst deutlich, nachdem wir uns durch die drei zusätzlichen Vernehmungsprotokolle gearbeitet haben. Zunächst wird eine Frau vernommen, die den Handel mit dem gestohlenen Kupfer beobachtet und gemeldet hat. Hier findet sich einer der seltenen Aussagen über ihre eigene Lebenswirklichkeit: „Als ich hungrig unter den Sykomoren (eine Örtlichkeit bei Medinet Habu) saß, da waren Männer dabei, mit dem Kupfer zu handeln, während wir hungernd dasaßen." Welch ein Gegenbild ist dies zu offiziellen Texten, die den Überfluss und die Versorgung Ägyptens mit Nahrung hervorheben!

Mit dem Kupfer gehandelt haben soll ein Bauer Picharu, und wir erfahren sehr anschaulich, dass das Stück Kupfer die Dicke eines Oberarmes gehabt haben soll. Dieser Bauer Picharu bestreitet zwar im peinlichen Verhör, je etwas mit der Angelegenheit zu tun gehabt zu haben, weiß aber von den Söldnern zu berichten, die einem der ursprünglichen Diebe seine Beute abnahmen. Schließlich wird die zweite Frau des Bauern unter Folter vernommen: sie war Dienerin des Laienpriesters Tatascheri gewesen, der als einer der Diebe selber aktenkundig war. Die Vermutung liegt auf der Hand, daß – trotz der Dementis des Bauern – sie einen Anteil der Beute diesem ihrem Mann zukommen ließ.

Diese Prozeßakten beleuchten schlaglichtartig eine Reihe einfacher Menschen aus dem Alten Ägypten: Bauern, Arbeiter, Metallarbeiter, einfache Handwerker.

Abb. 8: Zwei Metallarbeiter aus dem Grab TT 100 des Rechmire (Édition Photo Paris)
Abb. 9: Steinhauer auf Ostrakon des Fitzwilliam Museum Cambridge

Auch der Laienpriester und die einfachen Schreiber – Staatsbeamte ganz zu Beginn ihrer Ausbildung – sind sozial nicht höher als letztere einzustufen. Mindestens fünf der in den Diebstahl verwickelten Personen sind ausländischer Abstammung, wenn sie auch zweifellos zum Zeitpunkt des Prozesses als völlig integriert gelten können: die Frau Taapur und der Weber Tatiya (beide Namen werden vom Protokollführer des Prozesses als fremdsprachlich gekennzeichnet), der Bauer Picharu, dessen Name ganz einfach „der Levantiner" (Syropalästinenser) bedeutet und von dem wir noch hören werden, und die zwei Söldner, die ihm und seinem Kollegen die Beute wieder abnehmen. Dazu ist zu sagen, daß sich in Ägypten Personen ausländischer Herkunft offenbar rasch akkulturierten und ihre Verpflichtung gegenüber ihrem sozialen und beruflichen Umfeld wichtiger war als die Betonung ihrer Ethnizität. Personen, die nicht aus der unmittelbaren Lebenswelt des Dorfes um Medinet Habu stammen, werden nach ihrer Herkunft präzisiert – nicht nur der Söldner Paisaru aus der Gegend von Gebelein (etwa 30 km südlich von Theben), auch der Söldner Horemwese vom Tempel des Sethos (3 km nordöstlich).

Der Diebstahl unserer Gruppe von Bekannten war sicher eine der geringeren Beraubungen, denn bekanntlich sind aus der Zeit des Neuen Reiches nur eine königliche Bestattung – die des Tutanchamun – und einige wenige private erhalten geblieben. Ein Protokoll der Grabräuberprozesse enthält auch in der Tat die dramatische Schilderung der Plünderung eines Königsgrabes der 17. Dynastie. Solche Beutezüge großen Stiles stießen aber auf einen gewichtigen Hinderungsgrund: es gab keinen freien Markt in Ägypten, in dem die gesamte Wirtschaft königliches Monopol war. Große Objekte aus Edelmetall waren nicht einfach verkaufbar; sie konnten aber auch nicht einfach eingeschmolzen werden ohne die Involvierung und Hilfestellung hoher Beamter.[26]

In einem äußerst bescheidenen Rahmen bewegt sich dagegen die vorhin geschilderte Beraubung einer Statue. Versuchen wir, uns ein genaueres Bild von dem Wert dieses Beutegutes in der einfachen Lebenswelt der Diebe zu verschaffen. Zunächst einmal ist der Frau Taapur, welche Anzeige erstattete, der Handel mit Kupfer überhaupt aufgefallen: „Als ich hungrig unter den Sykomoren saß, da waren Männer dabei, mit dem Kupfer zu handeln während wir hungernd dasaßen." In ihrer Lebenswelt und konkreten Lebenssituation stellte das wenige Kupfer, über das verhandelt wurde, also offenbar schon etwas Bemerkenswertes dar. Aber um welchen Wert ging es dabei überhaupt?

Der beschuldigte Handwerker Perntahutnacht gesteht, wie wir sahen, unter Folter, daß die Beute aus dem Statuenraub 135 Einheiten (ägyptisch: Deben) Kupfer betrug, nach traditioneller Meinung etwas mehr als 12 kg. An jedem Stabende der drei Tragstangen hätte sich also ein Abschlußstück von etwa 2 kg Gewicht befunden, was gut zu der Feststellung des Gerichtes passt, das Kupfer habe die Dicke eines männlichen Oberarmes besessen. Nach einer neuen Vermutung soll eine Kupfereinheit viel kleiner gewesen sein – nur ein Siebtel des bisher vermuteten Wertes –, so daß sich nur 1.75 kg Kupfer ergeben.[27] Doch muss uns das nicht beschäftigen, da wir wissen, wieviel die einfachen Personen, mit denen wir heute zu tun haben, umgerechnet in Kupfereinheiten monatlich verdienten und was für eine Kaufkraft dieser Lohn hatte.[28]

Zunächst bestätigt sich, daß die Personen, die am Raub des Kupfers beteiligt waren, demselben Einkommensniveau angehören. In der 20. Dynastie, an deren Ende wir uns befinden, verdiente ein einfacher Arbeiter oder Handwerker im Monat den Gegenwert von 7 Einheiten Kupfer (Deben), nämlich 1.5 Sack Gerste und 4 Sack Emmer. Ein Vorarbeiter oder einfacher Schreiber (drei davon sind ja in den Beutezug verwickelt) verdiente nur unwesentlich mehr, nämlich 9.5 Kupfereinheiten, eine Dienerin (wie es die spätere Frau des Bauern Picharu gewesen war) dagegen weit weniger, lediglich 4.5 Einheiten (Deben). Um uns zu vergegenwärtigen, in welchen Relationen wir uns bewegen und wie weit unten wir im sozialen Gefüge stehen, vergleichen wir dazu das Einkommen eines Sieglers, d.h. eines mittleren Staatsbeamten: er verdiente bis 190 Kupfereinheiten monatlich (zw. 77 und 95 Sack Gerste), d.h. rund das 20fache!

Jeder Dieb – mit Ausnahme offenbar der zwei Anführer, die sich etwas höhere Bezüge gönnten – erhielt bei dem Diebstahl des Kupfers einen Anteil von zehn Deben, d.h. etwas mehr als einen Monatslohn. Die Kaufkraft dieses Anteils war allerdings bescheiden. Der Dieb konnte sich damit gerade einmal 5 Sack Gerste oder 2 Paar Ledersandalen oder 1 Bettlaken oder 1 einfache Holzkiste kaufen!

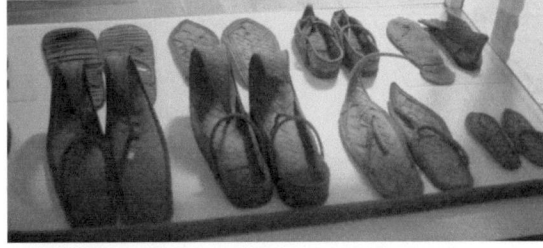

Abb 10: Sandalen im Museum Turin

[26] E. Graefe, Über die Goldmenge im Alten Ägypten und die Beraubung der thebanischen Königsgräber, in: Zeitschrift für ägyptische Sprache und Altertumskunde 126(1999), 19-40: S. 24.

[27] E. Graefe, aaO, S. 19-27.
[28] Die Daten zu den Löhnen und Preisen richten sich nach M. Gutgesell, Arbeiter und Pharaonen: Wirtschafts- und Sozialgeschichte im alten Ägypten, Hildesheim 1989, 147-160.

Damit wird nun sofort offensichtlich, dass der Wunsch eines eigenen Grabes, ja nur schon eines eigenen Sarges für einen Pentahutnacht oder einen Tataya, wie wir sie oben kennengelernt haben, ganz vermessen war. Das Holz für einen Sarg kostete etwa 100 Kupfereinheiten (Deben), die Herstellung bis 20 Deben, und sollte er bemalt und beschriftet werden (**Abb. 11**), fielen weitere 20 Deben an. Einen einfachen Arbeiter (Handwerker, einfachen Schreiber) kostete ein bemalter Sarg also etwa 20 Monatslöhne, er war damit im Grunde schon unerschwinglich.

Abb. 12: Einfaches Begräbnis in Binsensarg aus Assiut (Turin 7992; Kat. Turin Alltag, Abb. 141)

Konfrontieren wir dies mit dem wertvollsten Objekt aus dem Grabschatz des Tutanchamun: dem innersten, 110 kg schweren Sarg aus reinem Gold.

Abb. 13: Innerster Goldsarkophag des Tutanchamun

Abb. 11 : Sarg des Sennedjem, 19. Dynastie (Paris, Louvre)

Die Anfertigung eines einfachen Grabes dürfte weit jenseits der Lohnsumme gelegen haben, die er in seinem ganzen (in der Regel kurzen) Leben je verdienen mochte. Welch ein Gegensatz schon zu der Kaufkraft, über die ein mittlerer Beamter verfügte, den ein Sarg weniger als einen Monatslohn kostete, von den Bezügen der hohen Beamten ganz zu schweigen!. Ihm blieb nur ein ganz einfaches Begräbnis (**Abb. 12**), darüber hinaus vielleicht die Anfertigung einer kleinen Stele, in der er um göttliche Versorgung bat.

Im Neuen Reich hatte Gold den 200fachen Wert von Kupfer. Der Wert des Sarges entsprach also 22.000 kg Kupfer oder 242.000 Kupfereinheiten (Deben) oder 35.000 Monatslöhnen eines einfachen Handwerkers (nach der neuesten Hypothese, die eine leichtere Kupfereinheit ansetzt, sogar 240.000 Löhnen)!

Kehren wir zurück zu unseren einfachen Personen, die im 2. Jahr der Renaissance-Ära vor Gericht stehen und die dafür vermutlich mit schwerer Strafe büßen mußten. Zuletzt stehen der Bauer Picharu und seine Frau vor dem Tribunal. Und hier erhaschen wir sogar ein Stück seiner Familiengeschichte. Wir wir sahen, bedeutet der Eigenname des Bauern soviel wie „der Levantiner".

Noch interessanter, ja einzigartig ist der seines Vaters Peschnemeh, der an eine bestimmte Episode seiner Biographie geknüpft sein muss und uns damit einen Blick in die Familiengeschichte gestattet: er bedeutet nämlich übersetzt so viel wie „Abfindung des Veteranen", also des verdienten Söldners, der nach geleistetem Kriegsdienst aus der militärischen Verpflichtung entlassen wurde und ein Stück Land zur Bestellung erhielt. Wir können Folgendes vermuten: der Großvater des Bauern Picharu stammte aus der Levante, war in den ägyptischen Kriegsdienst eingetreten (oder zwangsverpflichtet worden) und war später aus ihm entlassen und mit einem Stück Land belohnt worden. Seinen Sohn, der ihm geboren wurde, nannte er nun scherzeshalber „Abfindung des Veteranen" – ein weiterer Lohn neben der ihm zugesprochenen Scholle Boden. Und dessen Sohn wiederum wurde, wie in Ägypten häufig, in Erinnerung an seinen Großvater benannt und „der Levantiner" getauft, als Bauer vermutlich auf dem kleinen Landstück seines Vaters oder in den Diensten des Totentempels Ramses' III. tätig.

Über seine Lebensverhältnisse erzählt er uns selber nichts. Ägyptische Gräber der Elite verzeichnen zwar immer wieder die Reden und Rufe der Bauern auf dem Feld. Aber dabei handelt es sich um ideale, unverfängliche Aussagen, auch Beispiele von Humor, die der hohe Beamte in sein Jenseits mitnehmen wollte, nicht Lebensberichte aus dem Elend der Unterschicht. Die ägyptische Literatur kennt jedoch eine ungewöhnlich lebhafte Beschreibung dieses bäuerlichen Lebens, und zwar in Gestalt der sog. Berufssatire. Hier wird der Beruf des Schreibers als das Metier gepriesen, das allen anderen überlegen ist und (zu Recht) die Schlüsselqualifikation für gesellschaftlichen und beruflichen Aufstieg bot. Alle anderen Arbeiten werden als beschwerlich und leidvoll geschildert.

Die Beschreibung des Bauern oder Feldarbeiters ist zwar vielleicht literarisch überzeichnet, aber es handelt sich doch zweifellos um allgemein bekannte, typische und immer wiederkehrende Vorfälle seiner Arbeitswelt.[29]

„Komm, damit ich dir die Lage des Bauern erkläre, des anderen harten Berufs (neben jenem des Soldaten). Das Wasser steht hoch und er (der Bauer) wird durchnässt am Ufer. Er muss sich um seine Ausrüstung kümmern: den Tag verbringt er mit dem Zuschneiden der Pfluggeräte, die Nacht mit dem Drehen von Seilen. Seine Mittagsstunde verbringt er mit den Arbeiten des Bauern. Er rüstet sich aus, um auf das Feld zu gehen, als handelte es sich um einen Kampf.

[29] Der Text nach S. Jäger, Altägyptische Berufstypologien (Lingua Aegyptia. Studia monographica , 4), Göttingen 2004, 240-257.

Der Acker liegt abgetrocknet vor ihm, er geht hinaus, sein Gespann zu holen. Viele Tage gehen darüber ins Land, während er hinter dem Hirten her ist, damit er sich ein Gespann hole. Er kommt mit ihm zurück und macht für es die Spur auf dem Feld. Wenn der Morgen anbricht und er früh hinausgeht findet er es nicht mehr an seinem Platz. Er verbringt drei Tage damit, es zu suchen und findet es schließlich im Schlamm. Er findet keine Haut mehr an ihnen, die Schakale haben sie abgenagt. Er geht hinaus, seinen Lei-nenschurz in der Hand um für sich ein Gespann zu erbitten. Gelangt er schließlich zu seinem Acker, finden er ihn niedergetrampelt vor. Er verbringt die Zeit damit, selber zu pflügen, während die Schlange hinter ihm her ist.

Wenn er die Aussaat vollbringt beim Besäen des Bodens, wird er (deshalb) kein grünes Blatt sehen. Dreimal muss er das Pflügen wiederholen mit geliehenem Korn. Seine Frau ist gezwungen, Handel zu treiben, aber sie findet nichts mehr, was sie tauschen könnte. (...)

Abb. 14: Bauer bei der Aussaat (Grab TT 52 des Nacht; Édition Photo Paris)

Erinnerst du dich denn nicht an die Lage des Bauern während der Registrierung der Ernte? Die Raupe nimmt eine Hälfte weg, das Nil-pferd frisst den Rest. Die Mäuse sind zahlreich im Feld, die Heuschrecke kommt herab. Das Vieh frisst weg, und die Spatzen stehlen: Wehe da dem Bauern! Den Rest auf der Tenne, den erledigen die Diebe. Das Leihvieh ist zuschan-den, das Gespann ist erledigt, vor lauter Dreschen und Pflügen.

Abb. 15: Bauer mit Gespann beim Dreschen im heutigen Ägypten (Foto U. Schweitzer)

(Dann) landet (auch noch) der Schreiber am Uferdamm an, um die Ernte zu registrieren. Die Türhüter haben einen Schlagstock dabei, die Polizisten eine Palmrispe. Sie sagen: „Gib das Getreide her!" Er (sagt): „Ich habe keines!" Sie schlagen (ihn) mit krachenden Schlägen, er wird gefesselt und in den Brunnen hinabgelassen, er wird untergetaucht, Hals über Kopf. Seine Frau ist gebunden vor ihm, seine Kinder sind in Fesseln. Seine Hilfsarbeiter gehen weg, sie fliehen und verlassen ihr Getreide."

Und dem Schreiber, der nicht lernen will, wird gedroht:

„Oder ich werde dich zum Bauern machen, so dass du auf dreihundert Sack Korn verpflichtet bist. Dafür musst du zusätzliches Ackerland bearbeiten, doch zwei Drittel davon sind Unkraut. Das bedeutet zu viel Mühe bei der Aussaat, dein Herz pumpt, bis es voll von Staub ist. Du lässt die Saat nur auf den Boden fallen und munterst dich auf mit den Worten: „Ich schaffe es dennoch!" Kommst du dann zur Zeit der Schätzung, um zu sehen, was du geschafft hast, findet man es rot und an den Boden gedrückt."

Abb. 16: Registrierung der Ernte (Grab TT 52 des Nacht; Édition Photo Paris)

Hinweise auf diese schwere Existenz finden sich in unserem Protokoll nur in Andeutungen. Zunächst ist es der Hinweis auf den Hunger, unter dem man litt. Auch wenn wir in Rechnung stellen, dass zu der Zeit unseres Berichtes die staatliche Versorgung schlecht funktionierte und politische Unruhe herrschte, dürfte der Kampf um das tägliche Brot eine dauernde Sorge gewesen sein. Dann ist es der unvermittelt eingeschobene Hinweis, daß einer der Komplizen – der Metallarbeiter Paiseniu – jetzt tot sei. Und schließlich hat der Bauer Picharu eine zweite Frau, die erste dürfte also – ob an Krankheit oder im Wochenbett – jung gestorben sein.

Das Leben war kurz im alten Ägypten. Die mittlere Lebenserwartung bei der Geburt betrug nur etwas mehr als zwanzig Jahre.

Die hohe Bevölkerungsdichte, der starke Grad der Urbanisierung und das weitgehende Fehlen von hygienischen Grundregeln führten zu einer außergewöhnlich hohen Sterblichkeit, v.a. auch Kindersterblichkeit. Diese Bedingungen sind in Ägypten zu einem Großteil bis in die 1940er Jahre dieselben wie im Altertum geblieben. Der Bauer Picharu dürfte (wie alle Vertreter der unteren Gesellschaftsschichten) in einer einfachen Hütte aus Lehm oder Lehmziegeln gewohnt haben, mit meist nur einem fensterlosen Raum und einem gestampften Fußboden, mit nur wenig eigener Habe – kaum Möbeln, etwas Geschirr, in einer Welt, die kaum Hygiene kannte: Tiere und Menschen lebten auf engem Raum zusammen.

Abb. 17: Hütte bei Elkab (Dia Ägyptol. Sem. Basel)

Abfälle, Viehmist und die irgendwo verrichtete eigene Notdurft, das verschmutzte stehende Wasser eines nahen Teiches oder Kanals bildeten ideale Brutstätten für Dutzende von Durchfall-, Wurm- und Infektionskrankheiten, die Ägypten ständig heimsuchten.

Abb. 18: Ägyptischer Hof (M. Rodenbech/ G. Rossi, L'Égypte, 1991, S. 131)

Hinzu kamen Erkrankungen der Augen, Fußverletzungen und –beschwerden (der einfache Mann trug keine Schuhe), Mangelernährung und schmerzhafte Zahnprobleme: für die Hauptspeise Brot wurde das Mehl nur grob gemahlen, der Sand, den es enthielt, wirkte wie ein Schleifmittel (das viele Zähne bis auf den Nerv abschliff).

Ein Leben im Schatten der Pharaonen war in der Regel kurz, hart und ohne Perspektive auf eine bessere Zukunft.

Hätten wir übrigens die einfachen Ägypter, von denen hier die Rede war, mit diesem Begriff konfrontiert – Leben im Schatten der Pharaonen –, hätten sie ihn ganz sicher anders verstanden. Wie der Schatten vor der sengenden Sonne Ägyptens schützt, ist der Schatten eines Gottes oder des Königs nach ägyptischem Verständnis sein Schutz und seine Fürsorge. „Leben im Schatten der Pharaonen" wäre für den einfachen Ägypter geradezu das Versprechen einer gesicherten Zukunft gewesen. Interessanterweise gibt es kaum Texte der ägyptischen Elite, in denen sie einmal ihre Wertschätzung für Bauern oder Arbeiter, auf deren Arbeitskraft letztlich doch die gesamte Zivilisation beruhte, zum Ausdruck brinen – wie in einer Rede Ramses' II. an die Steinbrucharbeiter von Heliopolis, oder einem späten Lob auf den Landmann in einer Weisheitslehre des 1. Jahrtausends v.Chr.

Vielleicht ist das umso mehr für uns der Anlaß, neben den Pharaonen auch diese Menschen des alten Ägypten nicht zu vergessen.

Abb. 19: Bildostrakon Ende der 20. Dynastie (Brunner-Traut, Scherbenbilder, Nr. 62)

Arbeit im Tal der Könige

Das archäologische Projekt des Ägyptologischen Seminars der Universität Basel

von Hanna Jenni

Zweierlei ist mit diesem Titel anvisiert. Zum einen hat es Tradition, dass sich die Basler Ägyptologie mit dem Tal der Könige bei Luxor beschäftigt. Den Namen des ehemaligen Institutsleiters, Erik Hornung, zu nennen, genügt, denn dessen Schriften sind auch einem breiteren Publikum von Ägypten-Interessierten bekannt. Unsere seit 1998/1999 laufenden Forschungsarbeiten im Tal der Könige knüpfen an diese Tradition an. Sie umfassen aber neben der Dokumentation der Grabdekoration auch Ausgrabungen. Als Mittelbauprojekt in der Zeit nach Erik Hornungs Emeritierung und vor dem Antritt des neuen Institutsdirektors, Antonio Loprieno, begonnen, sind am Projekt mittlerweile auch internationale Fachleute beteiligt, und für einige unserer Studentinnen und Studenten besteht erstmals die Möglichkeit, im Rahmen einer hauseigenen Ausgrabung erste Feldererfahrungen zu sammeln. Unter der Leitung von Prof. Antonio Loprieno werden derzeit im Kontext unserer Arbeit eine Dissertation und zwei Lizentiatsarbeiten verfasst, weitere Qualifikationsarbeiten sind geplant. Von Basler Seite sind zur Zeit am Projekt mit Namen «MISR: Mission Siptah – Ramses X.» beteiligt: Andreas Dorn, Hanna Jenni, Barbara Lüscher, Cindy Malnasi, Claudia Manser, Elina Paulin-Grothe und Thomas Schneider. Soviel zunächst zur aktuellen Arbeit im Tal der Könige.

Zum anderen zielt der Titel auf die Tatsache, dass unser Projekt einem Paradigmenwechsel innerhalb der archäologischen Forschung verpflichtet ist. Nach Schätzen zu graben oder nur das königliche Begräbnis im Blick zu haben, genügt heute nicht mehr. Es sind sozusagen die Zwischenräume, die mitbedacht werden müssen. Damit sind die vom König abhängige Gesellschaft von Handwerkern und Künstlern und deren Spuren gemeint, ebenso wie das Gelände in der Umgebung eines Königsgrabes, das Erkenntnisse bereithält.

Die Untersuchung von grossen Massen unspektakulären Schutts lässt die Köngsgräber des Neuen Reiches in einem neuen Licht erscheinen, ihr Kontext wird greifbar. Es sind nicht mehr Einzelobjekte, sondern Teile eines komplexen Gebildes: das Tal der Könige mit einer topologischen, chronologischen und sozialhistorischen Dimension. Die zeitliche Dimension kann bis zur modernen Nutzung des Tals der Könige im 20. Jh. n.Chr. reichen. So haben wir auch die Elektroinstallationen Howard Carters (Grab Ramses' X.) in unsere Untersuchungen einbezogen (dazu unten). Soviel zunächst zu vergangener Arbeit im Tal der Könige.

Die meisten Felsgräber im Tal der Könige, die den Pharaonen des Neuen Reiches sowie einigen Angehörigen der Elite als Grabstätte dienten, sind bis heute nicht – oder nach modernen wissenschaftlichen Massstäben nur unzulänglich – dokumentiert. Ziele des Projektes sind: vollständige Ausgrabung und Untersuchung der Gräber und ihrer Umgebung, wissenschaftliche Beschreibung und Interpretation des Befundes, zeichnerische und photographische Dokumentation.

Seit 1998/1999 fand jeden Winter eine Kampagne im Tal der Könige statt. Die Arbeit erfolgt mit Erlaubnis und Unterstützung der Antikenverwaltung der Arabischen Republik Ägyptens und in Zusammenarbeit mit jeweils etwa fünfundzwanzig bis fünfundsechzig einheimischen Arbeitern. Nicht zu vergessen ist, dass für einige Familien des Dorfes Qurna unsere Ausgrabung eine angesichts der wachsenden Arbeitslosigkeit und der stetigen Teuerung sehr willkommene Einnahmequelle darstellt. Das Projekt beschäftigt sich mit drei königlichen Gräbern und ihrer Umgebung und ist in vier Bereiche aufgeteilt: KV 47 (Siptah), KV 32 (Tiaa), KV 18 (Ramses X.) samt KV 54 (*Embalming cache* Tutanchamuns) sowie die Arbeiterhütten. Im Folgenden mehr zu diesen verschiedenen Themen.

Nachgrabungen und Detailanalysen: Das Grab des Königs Siptah (KV 47)

Das Grab KV 47 war die letzte Ruhestätte des zweitletzten Königs der 19. Dynastie namens Siptah (1198–1194 v.Chr.). Es wurde 1905 von Edward R. Ayrton entdeckt und teilweise vom Schutt befreit. 1912 räumte Harry Burton dann die Sarkophaghalle; dabei kam der grosse Sarkophag zum Vorschein. In diesem Zustand ist das Grab von rund 100 m Länge bisher geblieben. Siptahs Grab war in der ägyptologischen Literatur also längst bekannt, aber bei weitem nicht vollständig dokumentiert.

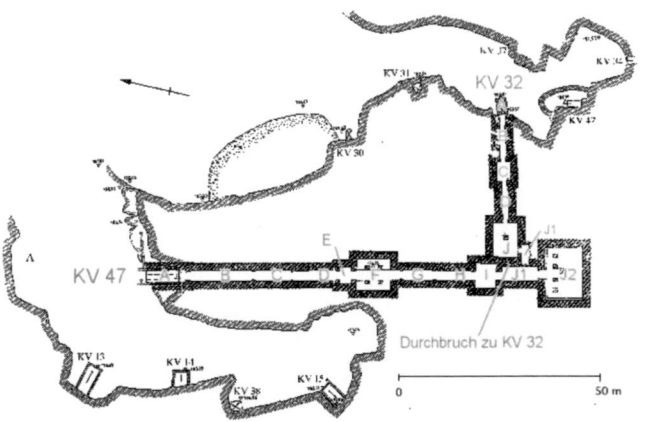

Plan der Gräber KV 32 und 47 (nach Zeichnung G. Heindl)

Siptah vor Re-Horachti (Photo D. Infanger) (Farbbild s. Frontcover)

Während in den ersten beiden dekorierten Korridoren die Farben noch gut erhalten sind, ist die Dekoration im folgenden Korridor nur noch in Fragmenten übrig, und im unteren Teil des Grabes fehlt sie fast ganz. Im tiefergelegenen Teil des Grabes (nach der obereren Pfeilerhalle) sind die Decken gewölbeförmig ausgebrochen.

Die ungewöhnliche Länge des zweiten Teils des Grabes ist nicht nur durch das Vorhandensein von zwei Korridoren im unteren Teil des Grabes verursacht – das kommt auch bei anderen ramessidischen Gräbern vor –, sondern v.a. durch das Vorhandensein eines zusätzlichen Raumes. Wer sich in ramessidischen Königsgräbern auskennt, erwartet ja, nach dem Korridor H und einem Vorraum I die Sarkophaghalle zu betreten. Es folgt aber ein länglicher, korridorähnlicher Raum, der etwas breiter ist als die eigentlichen Korridore und dominiert wird von einem Loch in ca. 2 m Höhe in der linken Wand.

Es ist ein Durchbruch zu dem Grab KV 32. Beim Bau des Grabes Siptahs wurde das bereits bestehende Grab KV 32 (dazu unten) tangiert. Durch diesen Planungsfehler entstand ein unvorhergesehener Raum (J1), an dessen Stelle eigentlich die breite Sarkophaghalle angelegt werden sollte. Diese wurde dahinter ausgehauen, konnte aber nicht rechtzeitig vor dem Tode Siptahs fertiggestellt werden. Der erwähnte Raum J1 weist Reste von Dekoration auf. Sie waren teilweise von anklebenden Schuttresten verdeckt. Diese Ablagerungen waren entstanden, indem immer wieder Schutt infolge von Regengüssen eingeschwemmt wurde. Durch sorgfältige Restaurationsarbeit konnten wir die Dekorationsreste freilegen. Es handelt sich um den sechsten und siebten Abschnitt des Unterweltsbuches Amduat.

Die Sarkophaghalle (J2) ist, wie erwähnt, unfertig geblieben. Es fehlt die hintere Pfeilerreihe. Nur die vordere Reihe von vier Pfeilern, die Wandbänke auf drei Seiten und das Deckengewölbe in der Querachse sind fertig. Die vier vorhandenen Pfeiler sind allerdings nur noch in Resten vorhanden. Die Sarkophaghalle wird von dem monumentalen Sarkophag aus Granit dominiert. Die Wanne ist mit Szenen dekoriert, die mit dem sogenannten Buch von der Erde verwandt sind. Auf der Oberseite des Deckels liegt die halbplastische Figur des Königs Siptah, zu beiden Seiten beschützt von den Göttinnen Isis und Nephthys.

Nachgrabungen konnten während der Kampagne 2003/2004 auch im unteren Teil des Grabes ausgeführt werden, nachdem wir die Erlaubnis erhalten hatten, den modernen Holzfussboden kurzfristig zu entfernen. Dabei kamen ein paar aus dem Grab KV 32 eingeschwemmte funeräre Objekte zum Vorschein sowie solche der Grabausstattung Siptahs, einschliesslich etlicher Fragmente von dessen Granit-Sarkophag.

Während der Kampagne 2001/2002 wurde mit der Untersuchung und Räumung des Schutts ausserhalb des Grabes, gegenüber dem Eingang, begonnen. Die Höhe der Schuttschicht beträgt in diesem Bereich bis zu 5 m. Hier wurden spärliche Reste eines Arbeitercamps der 19. Dynastie entdeckt (dazu unten).

Ausgrabung gegenüber KV 47 (Photo E. Paulin-Grothe)

Neben archäologischer und der Konservierung verpflichteter Tätigkeit widmet sich unser Projekt auch der Analyse der Dekoration. Texte und Bilder – an sich schon lange bekannt – sollen stärker in ihrem konkreten zeitlichen und räumlichen Kontext begriffen und gedeutet werden.

Die Beschäftigung mit der Zeitgeschichte ist ein klassisches Feld, kann aber immer wieder zu neuen Erkenntnissen führen. Im Falle von Siptah sind es die politischen Umstände, insbesondere Thron-streitigkeiten, die einer Neubeurteilung unterzogen wurden.[30]

Nachgrabung und Zuschreibung dank neuen Funden: das undekorierte Grab KV 32

Während der Kampagne 2000/2001 wurde nicht nur die Stelle des Zusammenstosses zwischen KV 47 (Siptah) und dem oben erwähnten KV 32 unter-sucht, sondern auch KV 32 selber ausgegraben. In diesem Grab hatte bereits Victor Loret gearbeitet, der es im Jahre 1898 entdeckt hatte.

Vom Eingang führen vier Korridore in die Tiefe, von denen der erste besonders steil ist. Die Sarg-kammer weist einen Pfeiler auf. Von ihr ist ein Nebenraum zu betreten, von dem aus die nach-malige Verbindung mit dem Grab Siptahs (KV 47) abgeht.

Für wen das undekorierte Grab angelegt wurde, war bisher unklar. Während der Kampagne 2001/2002 sind Funde zum Vorschein gekommen, von denen einige die Königsmutter Tiaa nennen, darunter Fragmente des Kanopenkastens. Er diente zur Aufbewahrung der Kanopenkrüge, in denen die Eingeweide, die bei der Mumifizierung aus dem Leichnam entfernt wurden, separat bestattet wur-den. Tiaas Kanopenkasten war aus Kalzit-Alabaster gefertigt, die Dekoration in versenktem Relief mit blauer Farbe ausgeführt. Ein grosser Teil des Kas-tens konnte aus den Fragmenten zusammengefügt werden. Tiaa ist bekannt als Gemahlin Amenophis' II. und Mutter Thutmosis' IV. (18. Dynastie). Ausgrabun-gen zu Beginn des 20. Jhs. im erwähnten Grab Siptahs (KV 47) brachten ebenfalls Fragmente mit ihrem Namen zutage. Sie wurden – fälschlich, wie sich jetzt gezeigt hat – der Mutter Siptahs zugeschrieben. Der Grund für den Fundort dieser Fragmente ist, dass sie aus KV 32 durch Regen-wasser in das Grab Siptahs geschwemmt wurden. Königin Tiaa ist anderweitig bereits belegt. Das wohl bedeutendste Objekt ist eine 111,5 cm hohe Statue aus schwarzem Granit, die ursprünglich im Amun-Tempel von Karnak aufgestellt war. Sie zeigt den König Thutmosis IV. und seine Mutter Tiaa. Heute befindet sich die Statue im Ägyptischen Museum in Kairo.

Thutmosis IV. und Tiaa (Catalogue Général, Nr. 42080)

---

[30] Thomas Schneider, Siptah und Beja. Neubeurteilung einer historischen Konstellation, in: Zeitschrift für ägyptische Sprache und Altertumskunde, Bd. 130, 2003, 134–146.

Das unspektakuläre Grab KV 32 ist – wie unsere Untersuchung gezeigt hat – das bisher einzige zuschreibbare Grab einer Königsgemahlin im Tal der Könige. Erst in der Ramessidenzeit (19. und 20. Dynastie) erhielten die Königsgemahlinnen dekorierte Gräber. Diese wurden jedoch nicht im Tal der Könige angelegt, sondern in einem Wadi südlich davon, dem sogenannten Tal der Königinnen.

Nachgrabung und Bestätigung: das Grab Ramses' X. (KV 18)

Das Grab Ramses' X. (1107–1103 v.Chr.) im Tal der Könige von Theben (Luxor) war bisher nicht wissenschaftlich publiziert worden. Das Grab wurde in zwei Kampagnen von 1998–2000 durch das Basler Team vollständig ausgegraben und dokumentiert; im Jahr 2000 erschien die Publikation.[31] Sie bietet zusammen mit Plänen, Zeichnungen und Photographien eine Beschreibung der Architektur, der Dekoration und der Funde sowie eine historische Abhandlung über die Person Ramses' X., die anhand des Tagebuches der Nekropolenarbeiter das Geschehen im Tal der Könige nachzeichnet und eine mögliche Antwort auf die Frage gibt, wo Ramses X. tatsächlich bestattet worden sein könnte.

Eine moderne Mauer versperrte den hinteren Teil des Grabes. Als sie während der ersten Kampagne (1998/1999) entfernt wurde, bestätigte sich, dass das Grab tatsächlich unfertig war. Denn nach der Beseitigung der grossen Masse von Schutt, der im Laufe der Zeit den hinteren Teil des Grabes weitgehend verfüllt hatte, zeigte sich, dass der hinterste Korridor endigt, indem der noch nicht vollständig abgebaute Fels in Stufen ansteigt. Der genauere Befund lässt auch Schlüsse auf das Werkverfahren zu. Das Grab Ramses' X., der nur kurz (1107–1103 v.Chr.) regierte, blieb also unvollendet; der König war nie in dem für ihn vorgesehenen Grab bestattet worden.

Der erwähnte Schutt, mit dem das Felsgrab weitgehend verfüllt war, wurde durch Regenfälle eingeschwemmt. Einen Teil der Verfüllung liessen wir als Profil stehen; an ihm sind heute noch zweiundzwanzig Schichten erkennbar.

Eingangskorridor des Grabes Ramses' X.
(Photo D. Infanger)

Eine Besonderheit des Grabes Ramses' X. stellen die elektrischen Installationen dar, die im Jahre 1902 unter der Aufsicht Howard Carters eingebracht wurden. Sie ermöglichten erstmals, die besuchenswerten Pharaonengräber im Tal der Könige durch künstliches Licht zu erhellen. Dies bedeutete einen Riesenfortschritt, nicht nur für den schon damals boomenden Tourismus, sondern auch für die Ägyptologie, hat doch die elektrische Beleuchtung bei der Entdeckung des Grabes Tutanchamuns im Jahre 1922 eine bedeutende Rolle gespielt. Diese elektrischen Installationen wurden während der Kampagne 2001/2002 von dem Elektroingenieur Erwin Alzinger untersucht und teilweise ergänzt. Sein Bericht wurde in einer Zeitschrift für Elektrotechnik publiziert.[32]

Durch den Betrieb der Generatoren wurden die Wände im Eingangskorridor A stark verschmutzt. Auch der Architrav über dem Eingang wurde davon betroffen. Die Reinigung durch einen Fachmann, den Restaurator Erico Peintner, förderte die originalen Farben zutage und stellt einen Beitrag zur Bewahrung der originalen Denkmäler dar. Ein Bericht darüber wird später veröffentlicht werden.

---

[31] Hanna Jenni (Hg.), Das Grab Ramses' X. (KV 18) (Aegyptiaca Helvetica, Bd. 16), Basel 2000. Mit Beiträgen von Andreas Dorn, Hanna Jenni, Barbara Lüscher, Elina Paulin-Grothe, Thomas Schneider.

[32] E. Alzinger, Ein Kraftwerk in einem Pharaonengrab, in: e&i. elektrotechnik und informationstechnik, hg.v. OVE Graz, Heft 12, Wien 2003, a13 – a15.

Der Architrav und die oberen Partien der seitlichen Wände des Eingangs tragen Besucherinschriften, vorwiegend aus dem 19. und 20. Jahrhundert n.Chr. Sie befinden sich so weit oben, weil der Eingang damals verschüttet war. Die Graffiti sind ein wertvolles Zeugnis für die moderne Geschichte des Tals der Könige. Unter ihnen befindet sich eines des bekannten französischen Malers Alfred Arago (1816–1892).[33] Weitere Untersuchungen zu den Besucherinschriften sind im Gange.

Ausgrabung und Relokalisation: die Embalming Cache Tutanchamuns (KV 54)

Obwohl sich das Grab Tutanchamuns an einem anderen Ort im Tal der Könige befindet, sind wir auch mit diesem berühmten König in Berührung gekommen: Nach der Bestattung eines Königs und nach dem Verschließen seines Grabes entsorgte man Gegenstände, die bei den Bestattungsriten verwendet worden waren, pietätvoll in einer kleinen Grube. Diese sogenannte *embalming cache* Tutanchamuns befindet sich unweit des Grabes Ramses' X. Sie war im Jahre 1907 entdeckt und identifiziert, aber später verschüttet worden, so dass der genaue Ort nicht mehr bekannt war. Durch unsere Ausgrabung konnte sie relokalisiert werden. Es handelt sich um eine unscheinbare Grube.

Ausgrabung und Neuentdeckung: bedeutende Spuren der Erbauer der Königsgräber

Nachdem die Arbeit im Grab Ramses' X. abgeschlossen war, wurde die Grabung in der Umgebung dieses Grabes KV 18 fortgesetzt. Die heutige Grabungspolitik ist, wie schon angedeutet, zurecht die, wonach sich Untersuchungen nicht auf die Gräber und den umittelbaren Eingangsbereich beschränken sollen. Seit der Zeit der Anlage der Gräber und bis in die heutige Zeit ist im Tal der Könige viel Material bewegt worden: antikes Aushubmaterial wie auch Schutt, der von verschiedenen Ausgräbern mal hierhin, mal dorthin bewegt wurde. Das gesamte Gebiet des Tals der Könige lag ursprünglich um einiges tiefer, und die Landschaft böte einen etwas anderen Eindruck, würde man diesen «Abfallschutt» konsequent entfernen.
Das Areal wurde also bis auf den anstehenden Fels abgegraben und das durchsuchte Material auf dem Anhänger eines Traktors aus dem Tal hinausbefördert.

Während der Kampagne 2000/2001 wurden in dem kleinen Wadi, das sich östlich von KV 18 (Ramses X.) und KV 54 (der sogenannten *embalming cache* Tutanchamuns) nach Süden erstreckt, eine Ansammlung von Räumen entdeckt. Arbeiterhütten im Tal der Könige sind zwar nicht neu – man hat auch an anderen Stellen Überreste gefunden –, aber neu und unerwartet ist das Ausmass und die Situationskohärenz.

Im Tal der Könige finden sich nicht nur Spuren derjenigen, die dort begraben waren, sondern auch derjenigen, die deren Begräbnis ermöglichten: der Arbeiter, Handwerker oder Künstler, welche die Gräber ausgehauen und dekoriert hatten. Die Kenntnis ihrer Spuren im Tal der Könige war bisher gering und entsprechend wenig beachtet – diese Spuren lagen sozusagen im Schatten von Deir el-Medine, dem berühmten Dorf südöstlich des Tals der Könige, wo die genannten Handwerker mit ihren Familien wohnten.

Mit unserer Grabung in der Umgebung von KV 47 (Siptah) und KV 18 (Ramses X.) hat sich der Wissensstand über die Präsenz der Arbeiter im Tal der Könige selbst erheblich vergrössert. Zum einen gab es «Baubaracken» in unmittelbarer Nähe der in Arbeit befindlichen Gräber. Zu diesem Typ gehören die bisher bekannten Überreste in der Nähe der Verzweigung der Wege zu KV 47 (Siptah) einerseits und zu KV 32 (Tiaa) und 34 (Thutmosis III.) andererseits sowie die von unserer Mission neu entdeckten Strukturen gegenüber dem Eingang des Grabes Siptahs (KV 47, siehe oben). Die Auswertung dieser Befunde samt Ostraka und Kleinfunden steht noch aus.

Zum anderen fand sich in der Umgebung des Grabes Ramses' X. (KV 18) eine Ansammlung von Arbeiterhütten, die über den Typ «Baubaracken» weit hinausgehen, da es sich um eine Ansammlung von über fünfundzwanzig kohärenten Räumen handelt, und schon eher einer Mini-Siedlung à la Deir el-Medine gleichen. Die zahlreichen Funde geben höchst interessante Aufschlüsse über Leben und Arbeit der Handwerker.[34]

---

[33] Thomas Schneider, A French Painter in the Valley of the Kings: Alfred Arago, in: Bulletin of the Association for the Study of Travel in Egypt and the Near East, Nr. 17, Autumn 2003, 21f.

[34] Elina Paulin-Grothe/Thomas Schneider, New workmen's huts in the Valley of the Kings, in: Egyptian Archaeology 19, 2001, 3–5; Andreas Dorn, Die Lehre Amunnachts, in: Zeitschrift für ägyptische Sprache und Altertumskunde, Bd. 131, 2004, 38–55; Taf. 2–7; Andreas Dorn, Le campement des ouvriers de Ramsès IV dans la Vallée des Rois, in: Égypte. Afrique et Orient, Bd. 34, juin 2004, 35–42.

Kalkstein-Ostrakon (Photo: A. Dorn)

Von den vielen Fundstücken soll eines hier erwähnt werden. Es handelt sich um ein Ostrakon mit einer Skizze von Handwerkern beim Bau eines Königsgrabes – eine Momentaufnahme aus dem Berufsleben.[35] Auf der Querachse ist rechts die Treppe mit Rampe gezeigt, die zum Grabeingang führt. Darauf folgt die umgeklappt gezeichnete Tür, und dahinter sitzen auf einem langen Gerüst (genau wie es ägyptische Arbeiter noch heute benützen!) zwei Arbeiter beim Meisseln an der Wand des Korridors. Darunter sind vier Arbeiter zu sehen, die in Körben Schutt wegtragen, ebenso wie die nur schwach erkennbaren Figuren ausserhalb des Grabes (unten). Das Ostrakon befindet sich heute im Museum von Luxor.

Neue Funde und neue Befunde: zur Baugeschichte des Grabes Sethos' I. (KV 17)

Im Rahmen unserer Untersuchung westlich des Grabes Ramses' X. (KV 18) kamen Funde zutage, die aus dem benachbarten Grab Sethos' I. (KV 17) stammen. Das Grab Sethos' I. ist neben demjenigen Tutanchamuns das berühmteste im Tal der Könige («Belzoni's tomb»).

Bei unseren Funden aus dem Grab Sethos' I. handelt es sich zum einen um Objekte, die zur Grabausstattung gehörten, zum anderen um Wand- und Deckenfragmente. Drei von den Objekten, die sich der Grabausstattung Sethos' I. zuordnen lassen, wurden im Grab Ramses' X. (KV 18) gefunden und sind bereits publiziert.[36] Es sind dies ein Uschebtifragment, ein Fragment des Kanopenkastens und ein Knauf. Weitere Kleinfunde aus der Umgebung von KV 18, die zur Grabausstattung Sethos' I. gehören, werden zur Zeit bearbeitet. Es handelt sich u.a. um Uschebtis und Gefässe.

Die erwähnten Wand- und Deckenfragmente führen mit ihren Dekorationsresten zu neuen Fragen zur Baugeschichte des Grabes. Denn sie sind wohl nur so zu interpretieren, dass eine teilweise Umgestaltung der Sarkophaghalle stattfand. Die Auswertung dieses spannenden Befundes ist noch im Gang.

[35] Siehe Andreas Dorn, Men at Work. Zwei Ostraka aus dem Tal der Könige mit nicht kanonischer Darstellung von Arbeitern, in: Mitteilungen des Deutschen Archäologischen Instituts, Bd. 61, 2005 (im Druck).

[36] Hanna Jenni (Hg.), Das Grab Ramses' X. (KV 18) (Aegyptiaca Helvetica, Bd. 16), Basel 2000, 66–75.

Die ägyptischen Götter leben nicht in einer fernen und entrückten Welt, sondern mitten unter den Menschen, jedoch in Häusern aus unvergänglichem Material. So ist es kein Zufall, dass ab dem MR für Tempel Baumuster gewählt wurden, die sich in menschlichen Siedlungen wiederfinden. Anhand des unter Sesostris III. in Medamud errichteten Tempels soll gezeigt werden, wie der Grundriss der zeitgenössischen Wohnarchitektur dazu verwendet wurde, die Götter auf Erden heimisch werden zu lassen und gleichzeitig der Kosmogonie Form zu geben.

Der Tempel Sesostris' III. von Medamud als Sinnbild des ägyptischen Kosmos

von Martin Bommas

Bei der Bezeichnung des ägyptischen Tempels als Götterwohnung handelt es sich um ein viel bemühtes Zitat. Der Faszination, die von dieser Vorstellung ausgeht und die sich im Licht der architektonischen Leistungen der heutigen Weltreligionen bricht, liegt die Beobachtung zugrunde, dass die Götter Ägyptens nicht in einem entfernten und baulich andersartigen Olymp wohnen[37], sondern sich hinsichtlich ihrer irdischen Erfahrbarkeit in Häusern aufhalten, die - wenngleich auch grösser dimensioniert - dem diesseitigen Wohnhaus entsprechen. Wie die jenseitige Götterwelt aussieht, wird in der altägyptischen Tempelarchitektur nicht thematisiert, hier geht es nur um das Diesseits, um die erfolgreiche Einbindung der Götter in einen abstrahierten und verkleinerten Kosmos aus menschlicher Sicht, um eine Welt also, die den Göttern, die an dem Kult auf Erden „wohlwollend teilnehmen"[38], angenehm und für göttliche Augen erkennbar gemacht werden muss.

Auf sprachlicher Ebene findet die Vorstellung eines Gottes-Hauses in dem ägyptischen Begriff *pr* eine Entsprechung. Auf die menschliche Umgebung angewandt, bedeutet *pr* „Haus", aber auch „Hausstand" (gr. *oikos*), in seiner Bedeutung „Tempel"schliesst diese Bezeichnung aber neben dem eigentlichen Kultgebäude, dem Gotteshaus (*ḥw.t-ntr*) auch Magazine, Ländereien und Bedienstete mit ein[39], wodurch der ägyptische Tempel als Wirtschaftsmacht[40] Bedeutung gewinnt.

Kosmos auf Erden

Bei der Schau der ägyptischen Götter auf Erden geht es vor allem um Begreifen und Ergreifen, um Einbehalten und Festhalten. Dass die Götter aus der Ferne die Geschicke des Kosmos leiten, steht in Ägypten außer Frage. In dem Moment, in dem sie aber auf Erden in einem geheiligten Rahmen begreifbar werden und einem vom Menschen erdachten Kult, etwa in einem Kultbild einwohnen, sind die Götter der menschlichen Dimension, den Regelmäßigkeiten menschlichen Handelns ausgeliefert. Freilich sind die Götter in der diesseitigen Welt fest verankert und aus ihr grundsätzlich nicht wegzudenken[41], ihre Anwesenheit hat jedoch die Form von Dauergästen, um die man sich täglich mühen muss, damit sie die Einladenden nicht verlassen. In diesem Sinne ist Ägypten tatsächlich eine Art göttlicher Aufenthaltsort der Welt oder, wie es im Corpus Hermeticum heisst, „Unser Land ist der ganzen Welt Tempel". Wenn der spätzeitliche Tempel als Bauwerk in diesem Zusammenhang zu Recht als Verwirklichung eines „göttlichen Grundplans" verstanden wurde[42], so ist zu fragen, ob nicht für frühere Epochen eine weniger abstrakte Zugehensweise festzumachen ist, der vielmehr die Vorstellung einer gemeinsamen Existenz von Menschen und Göttern zu entnehmen ist.

[37] D. ARNOLD, Die Tempel Ägyptens, Zürich 1992, 13 sowie O. KEEL, in: M. PAGE GASSER, Götter bewohnten Ägypten, OBO, Freiburg Schweiz/Göttingen 2001, IXf.

[38] J. Assmann, Ägypten. Theologie und Frömmigkeit einer frühen Hochkultur, Stuttgart 1984, 67.

[39] Assmann, Ägypten, 36f.

[40] S. grundlegend J.J. JANSSEN, The Role of the Temple in the Egyptian Economy during the New Kingdom, in: E. LIPINKSI [Hg.], State and Temple Economy in the Ancient Near East, OLA 5, Leuven 1979, 505-515 sowie zuletzt B. Haring, Divine Households. Administrative and Economic Aspects of the New

Kingdom Royal Memorial Temples in Western Thebes, EU XII, Leiden 1997, bes. 12-20.

[41] Ein Gegenbild vermittelt das im Umfeld der Amarnazeit entstandene sog. Kuhbuch, in dem geschildert wird, wie sich der altgewordene Re enttäuscht von der Menschheit abwendet und seine irdische Herrschaft aufgibt, ed. E. HORNUNG, Der ägyptische Mythos von der Himmelskuh. Eine Ätiologie des Unvollkommenen, OBO 46, Fribourg/Göttingen 1982.

[42] J. ASSMANN, Der Tempel der ägyptischen Spätzeit als Kanonisierung kultureller Identität, in: J. OSING/E.K. NIELSEN [Hgg.], The Heritage of Ancient Egypt, Fs. Erik Iversen, Kopenhagen 1992, 15.

Der abstrahierte und verkleinerte Kosmos, von dem eingangs gesprochen wurde, stellt sich dabei als Mikrokosmos menschlichen Zuschnitts dar. Architektonisches Vorbild für den Tempelbau des Mittleren Reiches ist dabei das Wohnhaus, das dank intensiver siedlungsarchäologischer Tätigkeit während der letzten 30 Jahre gut erforscht ist. Diese Feststellung ist entscheidend für die Frage, warum im Alten Ägypten nicht eine ausschliesslich den Göttern vorbehaltene Architekturwelt geschaffen wurde, sondern Götterwohnungen Baupläne aus der Siedlungsarchitektur aufweisen. Dies war freilich nicht immer so. Insbesondere die Tempel des Alten Reiches sind, soweit dies aus Sicht der Wohnarchitektur des Alten Reiches beurteilt werden kann, in ihrem Grundriss noch eigene Wege gegangen. Eine tendenzielle Angleichung ist jedoch für das Mittlere Reich deutlich zu fassen. Man wird annehmen dürfen, dass dabei die Götterwohnungen Elemente des Grundrisses von Wohnhäusern übernahmen. Diese Vermutung wird vom archäologischen Befund erhärtet: Die ältesten Wohnhäuser des Typus, der als Vorlage für die Tempelarchitektur gedient haben kann, stammen bereits aus der 1. Zwischenzeit.

Trennendes im Aufriss

Doch zunächst ist zwischen Aufriss und Grundriss zu unterscheiden: Im Aufriss weisen sich die Tempel, die wie die Gräber der Sakralarchitektur zugehören, wenigstens ab dem Mittleren Reich als Steingebäude aus, Wohngebäude sind in Ägypten hingegen stets aus luftgetrockneten Lehmziegeln errichtet worden. Die Tempel verfügen im Gegensatz zu den menschlichen Behausungen über reich verzierte Wände theologischen Inhalts, die die kultische Begegnung des obersten Priesters mit den Göttern thematisieren. Darüber hinaus verfügen die Tempel über eine Vielzahl von dekorativen Bauelementen wie verschiedenartige Säulen, Rundstäbe, Hohlkehlen und viele andere Architekturelemente mehr, die in der Profanarchitektur zumeist keine sinnvolle Verwendung fanden.

Gemeinsames im Grundriss

Diesen deutlich fassbaren Unterschieden stehen indes einige Grundrisse gegenüber, die erstaunliche Gemeinsamkeiten der Tempel- und Wohnarchitektur erkennen lassen. Für das Neue Reich hat dies D. ARNOLD kenntlich gemacht, der den memphitischen Palast des Merenptah seinem Tempel in Gurnah zur Seite stellte[43] und dabei feststellen konnte, dass die Raumabfolgen entlang der Hauptachsen beider Gebäude identisch sind.

Die Anfänge für die gestalterische Gleichsetzung profaner und sakraler Grundrisse liegen jedoch weiter zurück.

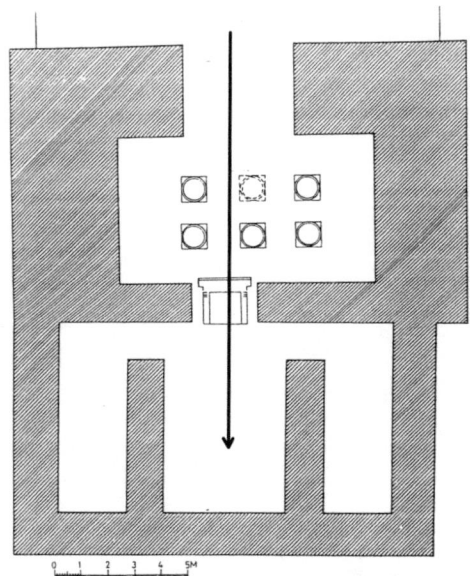

Abb. 1
Tempel von oEzbet Rushdi (12. Dyn.), genordet, n. BIETAK, Götterwohnung, 18

Raumfolgen in den Tempeln des Mittleren Reiches

Wie M. BIETAK zeigen konnte, lässt sich dieses Phänomen bereits für das Mittlere Reich fassen[44]. Obwohl sich aus dieser Zeit nur wenige Wanddarstellungen erhalten haben, lässt sich die im Neuen Reich etablierte Raumabfolge Erscheinungssaal-Opfertischraum-Kultbildraum[45] bereits aus dem Mittleren Reich ableiten. Im Tempel von Ezbet Rushdi aus der 12. Dyn. verläuft die Kultachse durch den Erscheinungssaal hindurch auf den Opfertischraum zu, von dem aus zu beiden Seiten jeweils Durchgänge in die beiden den Opfertischraum flankierenden Sanktuare hin führen (Abb. 1)[46].

---

[43] D. ARNOLD, Die Tempel Ägyptens, Zürich 1992, 22.

[44] M. BIETAK, Götterwohnung und Menschenwohnung, in: R. GUNDLACH und M. ROCHOLZ [Hgg.], Ägyptische Tempel - Struktur, Funktion und Programm. Akten der Ägyptologischen Tempeltagung in Gosen 1990 und in Mainz 1992, HÄB 37, 1994, 13-22 und DERS., Kleine ägyptische Tempel und Wohnhäuser des späten Mittleren Reiches, in: C. BERGER, G. CLERC und N. GRIMAL [Hgg.], Hommage à Jean Leclant, BdE 106/1, 1994, 413-435.
[45] D. ARNOLD, Wandrelief und Raumfunktion in ägyptischen Tempeln des Neuen Reiches, MÄS 2, Berlin 1962
[46] M. BIETAK, Götterwohnung, 14 und Abb. 2.

Dieses Baukonzept, das sich neben einem Beleg in Elephantine[47] auch in den Totenkapellen Tempel I (Strat. E/2-1)[48] und V (Strat. E/1, jüngerer Tempel)[49] in Tell el-Daboa in der späten 13. Dyn. bis Hyksoszeit wiederfindet[50], hat sich bis in das Neue Reich gehalten, wie dies der Ptahtempel von Karnak zeigt[51] (Abb. 2).

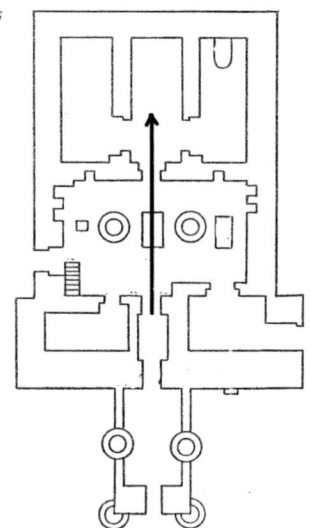

Abb 2: Tempel des Ptah in Karnak (18. Dyn.), n. LD Text, iii, 5

Bemerkenswert ist jedoch, dass sich die Raumaufteilung sowie die Ausrichtung nach Norden[52] in der zeitgleichen Wohnarchitektur wiederfindet:

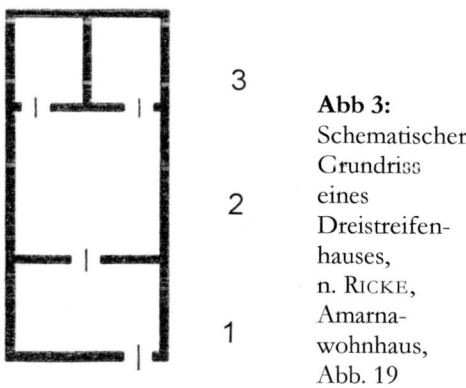

3

2

1

Abb 3: Schematischer Grundriss eines Dreistreifenhauses, n. RICKE, Amarnawohnhaus, Abb. 19

Wie M. BIETAK gezeigt hat, weist das seit dem frühen Mittleren Reich bevorzugte Raumkonzept des Dreistreifengrundrisshauses[53], das mittlerweile im Siedlungszusammenhang hinreichend belegt ist, die selbe Raumabfolge auf, wie sie bei den zeitgenössischen Tempeln zu erkennen ist (Abb. 3):

Wohnhaus	Tempel
1. Streifen: Vestibül	Erscheinungssaal
2. Streifen: Wohnraum/offener Hof	Opfertischraum
3. Streifen: Privaträume/Schlafzimmer	Kultbildraum

Das Baumuster des Dreistreifengrundrisses ist jedoch eine relativ frühe Entwicklung. In Elephantine datiert das älteste bekannte Haus mit Dreistreifengrundriss, Haus 121[54] bereits in die 11. Dyn.[55] (Abb. 4). Im Verlauf des Mittleren Reiches liegt dieser Grundriss ausgebildet vor[56].

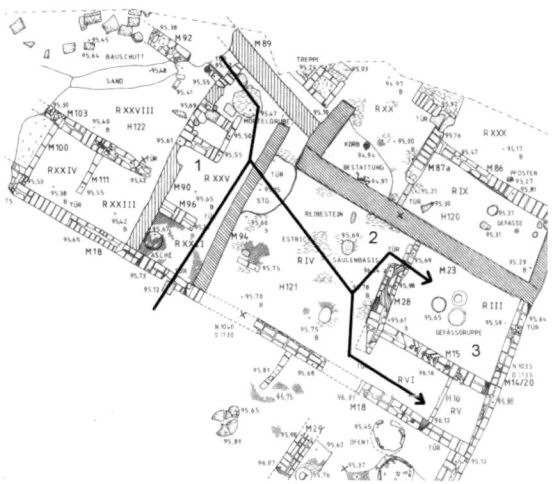

Abb. 4: Haus 121 in Elephantine (11. Dyn.), n. BOMMAS, Nordoststadt, Abb. 18

[47] C. V. PILGRIM, Stadtgebiet nördlich des späten Chnumtempels: Mittleres bis Neues Reich, in: W. KAISER u.a., Stadt und Tempel von Elephantine, 17./18. Grabungsbericht, in: MDAIK 46, 1990, 202 und Abb. 4. Dieser aus Lehmziegeln errichtete Tempel verfügte offensichtlich über eine Gewölbedecke.
[48] M. BIETAK, Tell el-Daboa V, Abb. 62.
[49] M. BIETAK, Götterwohnung, Abb. 3.
[50] M. BIETAK, Götterwohnung, 14f. und Abb. 4 und 3.
[51] D. ARNOLD, Wandrelief, Taf. VII.9.
[52] Die Ausrichtung des Hauptzugangs nach Norden ist ein in der Wohnarchitektur mittlerweile seit dem frühen Mittleren Reich nachweisbares Phänomen, das seine Ursache möglicherweise in der Klimatisierung der Wohnhäuser hat, s. A. ENDRUWEIT, Städtischer Wohnbau in Ägypten, Berlin 1994.

[53] H. RICKE, Der Grundriß des Amarna-Wohnhauses, Leipzig 1932, 51-55.
[54] M. BOMMAS, Nordoststadt: Siedlungsbebauung der 1. Zwischenzeit und des Mittleren Reiches nordwestlich des Inselmuseums, in: W. KAISER u.a., Stadt und Tempel von Elephantine, 21./22. Grabungsbericht, in: MDAIK 51, 1995, 143 und Abb. 18.
[55] C. V. PILGRIM, Untersuchungen in der Stadt des Mittleren Reiches und der 1. Zwischenzeit, Elephantine XVIII, AV 91, Mainz 1996, 184, 186 und 190, Anm. 515.
[56] C. V. PILGRIM, Untersuchungen, 190-193.

Dreistreifengrundriss als Baumuster für Tempel

Bemerkenswert ist indes, dass dieses Baukonzept auch in die zeitgenössische Tempelarchitektur Eingang gefunden hat. Kaum irgendwo sonst steht das Nebeneinander von Wohnhaus und Tempel so klar vor Augen wie im Month-Tempel des Mittleren Reiches von Medamud, wo sich die ganze Bandbreite der Spielarten des Dreistreifengrundrisses manifestiert (Abb. 5).

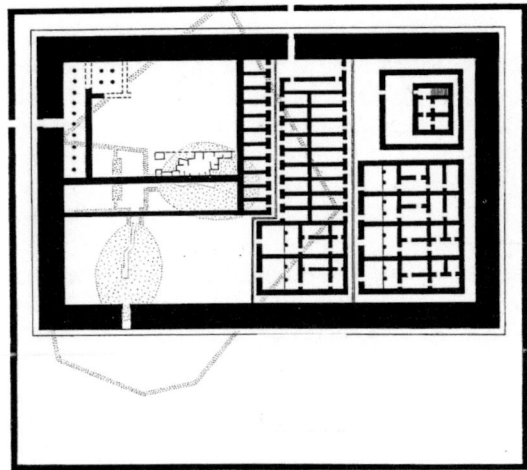

Abb. 5: Tempel des Mittleren Reiches in Medamud, n. ARNOLD, Tempel, 161 (Ausschnitt B)

Dieser 60 x 100 Meter grosse Tempelbezirk, von dem 150 dekorierte Blöcke im Nachfolgebau des Neuen Reiches wiederverwendet worden waren, geht aller Wahrscheinlichkeit nach auf Sesostris III. zurück, da die Inschriften der ältesten deko-rierten Baufragmente mit seinem Namen versehen sind [57].

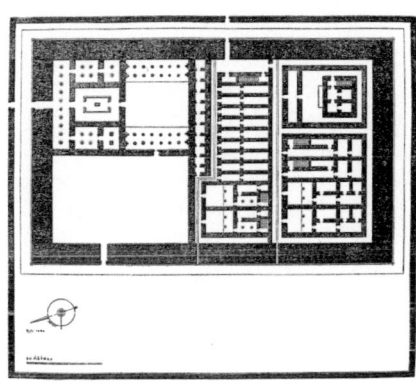

Abb 6: Rekonstruktion des Tempels des Mittleren Reiches durch die Ausgräber, ROBICHON/ VARILLE, Description, fig. 1.

Es handelt sich um das wichtigste Zeugnis für einen unter Sesostris III. ausgebauten Kultort in der Provinz.

Während es den Ausgräbern C. ROBICHON und A. VARILLE gelang, den aus Priesterhäusern und einer gewaltigen Speicheranlage bestehenden südlichen Abschnitt nahezu lückenlos aufzudecken, liegt der tatsächliche Grundriss des Gotteshauses - anders als dies der von den Ausgräbern rekonstruierte Grundriss (Abb. 6) glauben macht [58] - weitgehend im dunkeln [59].

Der Tempel Sesostris' III. in Medamud

Sicher ist indes so viel: Wie bei den übrigen Gebäuden der Gesamtanlage mit Ausnahme des Speichers erfolgte der Zutritt in das Gotteshaus von Norden aus und zwar durch die 5,5 Meter dicke Umfassungsmauer, in der nach innen öffnende Türflügel eingelassen waren. Der Eintretende befand sich dadurch unmittelbar in der Vorhalle bzw. im Erscheinungssaal des Tempels. Dieser Erscheinungssaal war ungewöhnlich breit, jedoch nur 5 Meter tief und bot zehn Säulen in Reihe Platz. Da die Südwand dieses Saales archäologisch gesichert ist, kann angenommen werden, dass der gestaucht wirkende Raum mit seinen breit ausladenden Flanken in seiner ungewöhnlichen Gestalt so gewollt war. Vom zweiten, südlich anschliessenden Streifen war wenig mehr erhalten als eine östlich der Hauptachse nach Süden ausgreifende Mauer, in der die Ausgräber die Westwand eines Opfertischraumes sehen wollten. Gleichwohl enthält die nach Süden ausgreifende Mauer im Osten den Hinweis, dass im Westen eine spiegelbildlich entsprechende Struktur anzunehmen ist und weiter, dass zwischen diesen beiden Räumen ein dritter, mittig gelegener Raum anzunehmen ist, der das Kultbild aufgenommen haben könnte. Daran hat sich im Süden, also als dritter Streifen, ein Hof angeschlossen, dessen Steinfundament ausgegraben wurde, das die Grenze zum zweiten Streifen deutlich erkennen lässt. Bemerkenswert ist indes, dass dieser Hof genauso tief ist, wie die ersten beiden Streifen zusammen. Davon, dass - wie die Ausgräber annehmen - dieser Hof im Westen und Osten überdacht gewesen sein soll, lässt sich dem Bodenbefund nichts entnehmen. Dass aber diesem Bereich die zahlreichen, über das Tempelareal verstreut gefundenen Osirispfeiler Sesostris' III. zugehören könnten [60], ist wenigstens vorstellbar. Was den Grundriss des Gotteshauses angeht, so sollte trotz seines ungewöhnlichen Erscheinungsbildes kein Zweifel darüber bestehen, dass es sich um einen Dreistreifengrundriss gehandelt hat.

[57] J. REVEZ, Medamud, in: K.A. BARD u. S.B. SCHUBERT [Hgg.], Encyclopedia of the Archaeology of Ancient Egypt, London 1999, 476; C. EDER, Die Barkenkapelle des Königs Sobekhotep III. in Elkab. Beiträge zur Bautätigkeit der 13. und 17. Dynastie an den Göttertempeln Ägyptens, ELKAB VII, Turnhout 2002, 81ff. listet hauptsächlich die erhaltenen Architekturfragmente.

[58] C. ROBICHON und A. VARILLE, Description sommaire du temple primitif de Médamud, Kairo 1940, vii, fig. 1.
[59] D. ARNOLD, Tempel, 161 zeigt den tatsächlichen Befund (vgl. dazu EDER, Barkenkapelle, Taf. 41), ebenso B.J. KEMP, Ancient Egypt. Anatomy of a Civilization, London/New York 1989, 68 u. Abb. 22, während J. REVEZ, Medamud, 477 zwar den Plan KEMPs wiederholt, eine Beschreibung des MR Tempels aber unterläßt..
[60] B. DE LA ROQUE, Rapport sur les fouilles de Médamud 1925-26, 1927-28, 1929-32, FIFAO 3-9, Kairo 1926-1933 sowie C. ROBICHON und A. VARILLE, Médamud. Fouilles du Musée du Louvre 1938, in: CdE 27, 1939, 82-87 u. B. DE LA ROQUE, Les fouilles de l'Institut français à Médamud 1925-1938, in: RdE 5, 1946, 25-44.

Priesterhäuser

Betrachtet man die beiden Priesterhäuser westlich der Speicheranlage und die weiteren vier Priesterhäuser im Süden des Tempelbezirkes, so stellt man auch hier jeweils Dreistreifengrundrisse fest, die denen der zeitgleichen Häuser in reinen Siedlungskontexten stark ähneln. Auch der Tempel im Südosten des Bezirkes nimmt dieses Baumuster auf. So kann zusammengefasst werden, dass mit Ausnahme der Speicher alle Wohnungen, gleichermaßen die der Götter und der Menschen, nach demselben Muster, dem des Dreistreifengrundrisses, erbaut wurden. Doch damit nicht genug: Im Norden findet sich das Gotteshaus, südlich davon ein Streifen, der von zwei Priesterhäusern sowie dem mächtigen Speicher eingenommen wird und weiter im Süden, jedoch unmittelbar mit dem mittleren Streifen verbunden, ein dritter Komplex, der aus einem Tempel sowie vier Priesterhäusern besteht. Unter diesem Gesichtspunkt scheint der gesamte Tempelkomplex, nicht nur seine einzelnen Komponenten, nach dem Prinzip des Dreistreifengrundrisses entworfen zu sein.

3x3=9

Nicht ganz auszuschliessen ist, dass dieser Bauplan bewusst gewählt wurde: Die Dreizahl kehrt nicht nur in den einzelnen Wohneinheiten und der Gesamtaufteilung der Anlage wieder, sondern auch in den *sechs* Priesterhäusern, *zwei* Tempeln und *einer* Speicheranlage, die aus *neun* Einzelspeichern besteht. Allein aus diesem aus dem Grundriss ablesbaren systematischen Aufbau der Anlage tritt der Mikrokosmos, den der Tempelbezirk von Medamud darstellt, deutlich vor Augen: Er bildet ihn als eine Welt ab, in der die Götter mit den Menschen nebeneinander leben und wohnen, deren Geschlossenheit der Pharao qua seines Amtes garantiert und in der Pharao die Welt dank eines prominenten Versorgungssystems erhält[61], worin ihn die Götter unterstützen und ermächtigen. Den weltumgreifenden Gedanken einer in sich geschlossenen, von äußeren Einflüssen unbeeindruckten[62] und völlig autarken Mikrowelt bringt die Zahl drei, architektonisch umgesetzt und mit sich selbst potenziert, zum Ausdruck, als Ausgangspunkt von *neun*, der Zahl des unendlichen Plurals und der nie versiegenden Fülle.

Pharao als Garant der Fülle

Der ägyptische Tempel ist ein Ort der Fülle *par excellence*, im Laufe der ägyptischen Geschichte nimmt seine Bedeutung als Wirtschaftsstandort deutlich zu. Wie sehr sich Pharao als Garant dieser Fülle versteht, macht auf einzigartige Weise eine Inschrift deutlich, mit der Thutmosis III. Lehmziegel verzieren ließ, die in einem Rundspeicher im Bereich des Chnumtempels von Elephantine verbaut wurden. Da diese Inschrift von außen nicht zu sehen war und aufgrund ihrer Verbauung innerhalb der Speicherwandung erst vom Ausgräber entdeckt wurde[63], wird deutlich, wie sublim, aber auch wie allgegenwärtig die Vorstellung des für ökonomische Prosperität garantierenden Pharao gewesen sein muss:

> *„Thutmosis III., geliebt von Chnum, (selbst) ist es, der die Speicher aller Götter Ober- und Unterägyptens anfüllt."*[64]

Die Darstellung dieser Fülle ist in Medamud in einer Art zu Stein geworden, die an keinem anderen Tempel Ägyptens in dieser Deutlichkeit wiederholt wurde. Der spielerische Umgang mit der Zahl 3, die ihren architektonischen Ausdruck im wenige Jahre zuvor entwickelten Dreistreifengrundriss erfuhr, hat die Verquickung der irdischen Existenz mit der kosmischen Dimension sinnfällig erwirkt.

Religion und Wirtschaft

Wenn Sesostris III. als Garant der Gegenwart des Kosmos auf Erden und der wirtschaftlichen Prosperität auftritt, so stellt sich die Frage, welche Götter mit diesem Konzept angesprochen wurden. Die Osirispfeiler, in denen sich die Person des Herrschers in Form des Statuenkultes manifestiert[65], haben wir in diesem Zusammenhang bereits erwähnt. Sesostris III. liess sich darüber hinaus in Abydos einen Kenotaph errichten und folgte darin Sesostris I. Es ist auffällig, dass bei den abydenischen Stelen, die insbesondere unter Sesostris I./Amenemhet I. und Sesostris III./Amenemhet III. zahlenmässig deutlich zunehmen[66], eine Bevorzugung religiöser Texte und Darstellungen zu Ungunsten autobiographischer Inschriften festzustellen ist[67].

---

[61] L. MORENZ, Hungersnöte in der Ersten Zwischenzeit zwischen Topos und Realität, in: DE 42, 1998, 85ff.

[62] So trägt das Eingangstor des Tempels den Namen: *Wsrtsn Xsr(.w) Dw.t Hr nb sp3t w3s.t Hr.y-|b M3dw*, Sesostris (ist es), der das Übel vom Herrn des thebanischen Gaues, verehrt in Medamud, vertreibt, s. C. ROBICHON und A. VARILLE, Description, x.

[63] C.V. PILGRIM, Untersuchungen, 68ff, Abb. 17 sowie Taf. 37b.

[64] M. BOMMAS, Der Tempel des Chnum der 18. Dyn. auf Elephantine, Dissertation Universität Heidelberg 2000, URL: http://www.ub.uni-heidelberg.de/archiv/3383; Kap. 8, Exkurs.

[65] J.W. WEGNER, The Mortuary Complex of Senwosret III: A Study of Middle Kingdom State Activity and the Cult of Osiris at Abydos, Ann Arbor 1996, 350.

[66] W.K. SIMPSON, The Terrace of the Great God at Abydos: The Offering Chapels of Dynasty 12 and 13, PPYE5, New Haven/Philadelphia 1974, 2, 26-19.

[67] J. BOURRIAU, Pharaos and Mortals. Egyptian Art in the Middle Kingdom, Cambridge 1988, 41.

All dies lässt erkennen, dass die Förderung von Bestattungsriten in der Regierungszeit Sesostris' III. in besonderer Weise in den Blick gerückt wurde. In geradezu programmatischen Worten heisst es in einem Hymnus auf Sesostris III. aus Kahun:

"Er ist gekommen, und seine Arme haben die Totenversorgung ausgeteilt, die uns seine Kraft eingebracht hat".[68]

Damit wird direkt die Prosperität religiöser Rituale mit der wirtschaftlichen Potenz der Regierung Sesostris' III. in Einklang gebracht, oder mit anderen Worten: Religion und Wirtschaft sind unmittelbar aufeinander bezogen und bedürfen einander.

So opfert Sesostris III. auf den Kalksteinlaibungen des Türdurchganges thebanischen Göttern[69], wodurch der enge Bezug des Herrschers zu den Kulten der lokalen Götter verdeutlicht wird. Zum anderen aber untermauert der Tempel als Instanz wirtschaftlichen Handelns die administrative Vormacht des Staates auf lokalem Niveau. Wenngleich Sesostris III. beileibe nicht der erste König des Mittleren Reiches ist, der in Bezug auf die Sichtbarkeit königlicher Macht in der Provinz eine solche Anstrengung unternimmt[70], so ist er dennoch der einzige, der seinem Bestreben als Bewahrer der wirtschaftlichen wie kosmischen Ordnung so deutlich architektonischen Ausdruck verleiht. Der Grundriss des Tempels von Medamud stellt klar, dass königliches Handeln zum Wohl des Landes gelingen muss, wenn Herrscher und Götter nebeneinander wohnen und in ihrem Wohlwollen um die Prosperität des Landes gemeinsame Lebensverhältnisse auf Erden pflegen.

---

[68] Übersetzung nach J. ASSMANN, Ägyptische Hymnen und Gebete[2], Freiburg/Göttingen 1999, 518, Nr. 231.13-14.

[69] A.H. GARDINER, Horus the Behdetite, in: JEA 30, 1944, Pl. IV.

[70] Hier ist an die Anstrengungen Mentuhoteps Nebhepetres zu denken wie auch an Amenemhet I., s. WEGNER, Mortuary Complex, 351.

Es besteht aber keine Hoffnung zu erkennen was Kunst ist, wenn wir das Arbeitsende, die
fertige Form, in immer hellere Beleuchtung bringen und der Arbeitsanfang, das Werkwerden
in Nacht gehüllt lassen oder unter der Grabinschrift „Technik" wissenschaftlich beisetzten.
Wenn wir um der Form willen die besten Gehirne eines Jahrhunderts mobilisieren und das
Werkwerden der Fürsorge technologischer Nachtwächter überlassen.

Kurt Kluge 1927

Das Produktionswesen der Kalkstein-statuenherstellung im frühen Mittleren Reich.

Eine Rekonstruktion des Arbeitsverfahrens anhand der Werkspuren am Statuenkomplex Sesostris' I. aus Lischt

von Karin Dohrmann

Immer wieder wurde unter Ägyptologen das Fehlen
detaillierter Monographien zu Werkverfahren,
Herstellungsprozessen und Arbeitsorganisationen
bemängelt, was zuletzt W. Davis mit der Forderung
nach einer Archäologie des Produktionswesens auf
den Punkt gebracht hatte.[71] Doch bis zum heutigen
Tag unterlassen es die Bearbeiter „kunstgeschichtlicher"
Untersuchungen, die von ihnen am Erscheinungsbild
erstellten Kriterien zu hinterfragen. Ob technisch,
semantisch, pragmatisch oder individuell bedingt,
alles wird für gewöhnlich als stilistische Eigenschaft
präsentiert.[72] Die Einbeziehung der Werktechnik in
den Untersuchungsmodus würde allerdings zu einer
wertvollen Trennung von technischen und stilistischen
Kriterien führen. Dies ist allerdings nur zu verwirk-
lichen, wenn die Bearbeiter dazu übergehen, sich
neben der formal-ästhetischen Bewertung von
Artefakten nun auch mit dem technologischen
Hintergrund einer Zeit auseinander zu setzen.

Die zehn Sitzstatuen Sesostris' I., die am 21.
Dezember 1894 von den französischen Ägyptologen Joseph Etienne Gautier und Gustave Jequier im
Totentempel in Lischt in einer Cachette gefunden
wurden,[73] sind ein einmaliger Befund eines in sich
geschlossenen Statuenkomplexes, der sich für eine
werktechnische Untersuchung anbietet. In situ aufgefunden, in Form, Maßen und Gestaltung nahezu
gleichartig, unterscheiden sich die einzelnen Statuen
durch den variierenden Grad ihrer Fertigstellung.
Mittels der syntaktischen Analyse konnte anhand
des Erscheinungsbildes der Statuen eine Differenzierung von fünf Fertigungsstadien erstellt werden.
In der weiteren Untersuchung zeigte sich jedoch,
dass diese vor allem durch den Abbruch des letzten
Herstellungsprozesses der Detaillierung hervorgerufen
wurden. Daher musste zunächst eine Bearbeitungs-
grundlage durch die Aufnahme deutlich sichtbarer
und überarbeiteter Werkspuren geschaffen werden,
um dann über die Identifikation des Werkzeuges
und der Arbeitsschicht auch Aussagen über frühere
Herstellungsprozesse gewinnen zu können.

Durch die Analyse der Werkspuren konnte ein
komplexes Kalksteingeschirr[74] rekonstruiert werden.

---

[71] Davis, Withney, "Style and History in Art History", in:
Conkey, Margot Wright u. Hastorf, Christine Ann (Hgg.), *The
Uses of Style in Archaeology*, Cambridge 1990, S. 18-31.
[72] Deutlich wird dies in der Frage J. Assmanns, ob die
verschiedenen Stile, die an den Mykerinos-Statuen festzustellen
sind, nicht durch unterschiedliche Bedeutungen und Funktionen
verursacht wurden (Assmann, Jan, "Preservation and Presenta-
tion of Self in Ancient Egyptian Portraiture", in: Der Manuelian,
Peter u. Freed, Rita E. (Hgg.), *Studies in Honor of William Kelly
Simpson*, Bd. II, Boston 1996, S. 62, Anm. 21), während G.A.
Reisner diese für individuelle Stile von Bildhauer A und B
(Reisner, Georges Andrew, *Mycerinus. The Temple of the Third
Pyramid at Giza*, Cambridge 1931, S. 115) hielt.

[73] Gautier, Joseph Etienne u. Jequier, Gustave, *Fouilles de Licht,*
Paris 1896; Gautier, Joseph Etienne u. Jequier, Gustave, *Mémoires
sur les fouilles de Licht,* Mémoires publiés par les Membres de
l'Institut Français d'Archeologie Orientale du Caire 6, Le Caire
1902.
[74] Berufbildungswerk des Steinmetz- und Bildhauerhandwerk
e.V. (Hg.), *Die überbetriebliche Ausbildung im Steinmetz und Steinbildhauer – Handwerk,* (Loseblattsammlung), Bd. 1: Einführung in
die manuelle Steinbearbeitung, S. 8, „Steinmetzen bezeichnen

Ein erstaunliches und nicht erwartetes Ergebnis war der umfangreiche Einsatz von Werkzeugen der Holzbearbeitung, die an den Lischter Kalksteinstatuen festgestellt werden konnte. Dies widerlegt die Annahme, dass es eine Produzentenspezialisierung von Holz- und Steinbearbeitern im frühen Mittleren Reich gab.[75] Vielmehr gewinnen hier die Vertreter einer Produktionsspezialisierung von weichen (Holz und weiche Gesteine) und harten Materialien (Hartgesteine) an Argumenten.[76] Dass besonders der Turakalkstein mit Werkzeugen des Holzgeschirrs bearbeitet wurde, liegt möglicherweise an der Besonderheit des Materials, das „im bruchfeuchten Zustand" wie Holz behandelt werden konnte,[77] aber auch heute noch eine weiche, äußerst empfindliche Struktur aufweist. H.G. Evers empfand sogar die Werktechnik, in der die Statuen hergestellt wurden, vor allem die zahlreichen Unterarbeitungen einzelner Formen, deutlich der Holztechnologie verbunden.[78] Das solche Befunde auch in anderen Kulturen nicht unüblich sind, belegt der Werkbefund am frühaugusteischen Divus-Julius-Tempel.[79] Dort wurde bei der Mamorbearbeitung eine Schnitztechnik eingesetzt, die die Handwerker durch das Arbeiten am Kalkstein gewohnt waren. Auch an mittelalterlichen Skulpturen wurden die selben Arbeitsweisen in Stein und in Holz und somit eine gemeinsame Werktechnologie nachgewiesen.[80]

Die Analyse der Werktechnologie führte zur Rekonstruktion verschiedener Arbeitsverfahren und individueller Werkzeugpräferenzen. Diese konnten zur Gewinnung individueller Handschriftenkriterien genutzt werden. Ein wichtiges Ergebnis dieser Untersuchung war die Trennung von technischen und stilistischen Merkmalen, denn die Präferenz eines Werkverfahrens und der Einsatz eines Werkzeugs bedingt eine Reihe von Erscheinungsbildern und Formen, die mit den technologischen Möglichkeiten der Zeit nicht anderes gestaltet werden konnten. Anderseits kann erst durch die Kenntnis der Werktechnologie entschieden werden, ob durch sie verschiedene formale Umsetzungen möglich sind. Dies reduzierte rein stilistische Merkmale und erweiterte individuelle Kriterien um die Faktoren werktechnologischer Präferenzen und die Qualität der Ausführung. Vor allem für die Bewertung stilistischer Eigenschaften war diese Erkenntnis von außerordentlicher Bedeutung. Denn liegen innerhalb einer Arbeitsgruppe identische Merkmale in unterschiedlichen Qualitäten, z.B. in verhaltener und ausgeprägter Form vor, so können hier Hinweise über die Zusammenarbeit von Meister und Gehilfen gewonnen werden. Unter Einbeziehung des Ablaufes einzelner Arbeitschritte innerhalb eines Herstellungsprozesses und der Abwägung der Anzahl an Personen, die gleichzeitig an einer Statue arbeiten können, konnten diese qualitativen Differenzen entweder als unterschiedliche Fertigungsstadien eines Individuums oder als Ausführung von Meister und Schüler konkretisiert werden. Dadurch war es möglich, das kleinste Element der Arbeitsorganisation – die Arbeitsverbindung von einem Meister und seinem Schüler – zu definieren. Referenzen über das Ausbildungssystem in Ägypten stützen diese Annahme, denn Ausbildung und Praxis fanden in Schulen statt, in denen der Meister seinen Schülern die Eigenschaften seiner Handschrift lehrte.[81] Die einzelnen Schulen wiederum konnten sich für grössere Projekte zu Werkstätten zusammenschließen. Dieses Ergebnis fordert eine präzise Anwendung der Termini „Handschrift" (im Qualitätsgefälle Meister – Schüler), Schule (Meister und seine Schüler) und Werkstatt (Ansammlung von Schulen).

Die Anwendung unterschiedlicher Techniken und Werkzeuge, die bei der Fertigung der Lischter Sitzstatuen zum Einsatz kamen, liegen in der Ausbildung der Produzenten begründet. Anders als im Neuen Reich wurde im Alten und Mittleren Reich die Produktion von Holz- und Steinmaterialien unter einem Dach organisiert.

Bearbeitungswerkzeuge als »Geschirr« und Einzelwerkzeuge mit der Artbezeichnung als »Eisen"".

[75] Eaton-Krauss, Marianne, *The Representations of Statuary in Private Tombs of the Old Kingdom*, Ägyptologische Abhandlungen 39, Wiesbaden 1984, S. 28; Davis, Withney, *The Canonical Tradition in Ancient Egyptian Art*, Cambridge 1989, S. 17-18.

[76] Drenkhahn, Rosemarie, *Die Handwerker und ihre Tätigkeiten im Alten Ägypten*, Ägyptologische Abhandlungen 31, Wiesbaden 1976, S. 60; Anthes, Rudolf, „Werkverfahren ägyptischer Bildhauer", in: *Mitteilungen des Deutschen Institutes für Ägyptische Altertumskunde in Kairo* 10 (1941), S. 103; Wilson, John A., "The Artist of the Egyptian Old Kingdom", in: *Journal of Near Eastern Studies* 6 (1947), S. 236.

[77] Klemm, Rosmarie u. Klemm, Dietrich, *Steine und Steinbrüche im Alten Ägypten*, Berlin, Heidelberg, New York, London, Paris, Tokyo, Hong Kong, Barcelona & Budapest 1992, S. 70.

[78] Evers, Hans Gerhard, *Staat aus dem Stein*. Denkmäler, Geschichte und Bedeutung der Ägyptischen Plastik während des Mittleren Reichs I, München 1929, S. 32.

[79] Boschung, Dietrich u. Pfanner, Michael, „Antike Bildhauertechnik. Vier Untersuchungen an Beispielen in der Münchner Glyptothek", in: *Münchner Jahrbuch der bildenden Kunst* (Sonderdruck), 3. Folge, Bd. 39 (1988), S. 19, „Als am Ende der Republik und vor allem in frühaugusteischer Zeit der Marmor auch aus ideologischen Gründen sich allgemein durchsetzt, müssen die Bildhauer marmorgerechte Techniken erlernen, verbunden freilich mit den neuen ideologischen Vorgaben und der bewußten klassizistischen Stilwahl. Handwerker die ausgebildet und gewohnt waren, in Kalkstein zu arbeiten, behalten die Schnitztechnik aber vorerst bei der Marmorskulptierung noch bei."

[80] Ulmann, Arnulf von, *Bildhauertechnik des Spätmittelalters und der Frührenaissance*, Darmstadt 1994, S. 30, „Betrachtet man unter dem Aspekt der Blocktechnik die Skulpturen in Holz und Stein aus den Werkstätten Giovanni Pisanos, [...]. So sind die Charaktere der Holz- und Steinskulpturen von Giovanni Pisano

zu ähnlich, als daß man hier eine grundsätzlich unterschiedliche Arbeitsweise annehmen könnte."

[81] Alpers, Svetlana, *Rembrandt als Unternehmer. Sein Atelier und der Markt*, Köln 1989, S. 129, "[...], hatten Rembrandts Schüler Bilder zu malen, die denen von seiner Hand glichen."

Die Auszubildenden wurden in den verschiedensten Materialien und Techniken geschult und konnten daher für unterschiedlichste Aufträge eingesetzt werden. Durch die Kenntnis aller Werkzeuge wurden diese - ohne Rücksicht auf das Material - nach ihrem Nutzen und dem daraus resultierenden Zeitgewinn eingesetzt.[82] So lag es im Ermessen des Produzenten für welches Werkzeug er sich zur Ausführung einzelner Arbeitsschritte entschied. Wenn möglich versuchte man häufige Werkzeugwechsel zu vermeiden. Die Analyse der Werkspuren ermöglichte somit die Identifikation einzelner Werkzeuge sowie die unterschiedlichen Möglichkeiten des Werkzeugeinsatzes und der Werktechniken. Das ermittelte Werkgeschirr und dessen Einsatz widerlegt die in der Literatur diskutierte Produktspezialisierung. Vielmehr wurde durch den Werkbefund die Annahme einer breit angelegten Ausbildung in verschiedenen Materialien und Techniken unter einer Verwaltungs- und Ausbildungsorganisation bestätigt.

So konnten – basierend auf den unterschiedlichen Fertigungsstadien – die Untersuchung und Interpretation von Werkspuren, die Rekonstruktion einzelner Herstellungsprozesse und deren Arbeitsabfolgen sowie individuelle Präferenzen von Verfahrenstechniken und Werkzeugen erarbeitet werden. Nur die Analyse des Produktionsverfahrens, der Werktechnik und die qualitative Bewertung stilistischer Merkmale eröffnete die Möglichkeit, einzelne Herstellungsprozesse und deren Arbeitsgruppen sowie deren Personenstand und Zusammensetzung aus Meistern und Schülern zu differenzieren. Das Erstellen stilistischer Merkmalslisten führte sowohl zu Gruppierungen von Statuen für ganze Herstellungsprozesse als auch für einzelne Arbeitsschritte.

Durch dieses Verfahren konnten mehrere Arbeitsschritte zu einem Herstellungsprozess zusammengeführt werden, aber auch die Grenzen der einzelnen Herstellungsprozesse im Herstellungsablauf konkretisiert werden, wenn sich wiederum für eine Anzahl von Arbeitschritten andere Gruppierungen feststellen liessen. Es zeigte sich, dass bei der Statuenherstellung fünf stilbildende Produzenten (Meister) in den gestalt- und repräsentationssichernden Herstellungsprozessen des in-Fase-Stellens und der Gesichtsmodellierung zum Einsatz kamen, wohingegen die restlichen Herstellungsprozesse von Arbeitsgruppen übernommen wurden, die nur aus vier stilbildenden Produzenten bestanden.

Am deutlichsten veranschaulicht dieses Ergebnis eine Darstellung aus dem Grab des Rechmire. Hier arbeiten mehrere Personen unter Nutzung eines Gerüstes gleichzeitig an einer Statue. Das führte zu unterschiedlichen stilistischen Handschriften am Gesicht und am Körper. Wurde nun die Person, die den Körper bearbeitete schneller fertig, als die Person am Kopf, dann begann diese z.B. mit der Gestaltung des Schurzmusters an der Seite. Solche Ausweichmanöver bilden die Schnittpunkte zweier Herstellungsprozesse, in diesem Fall der Körpermodellierung mittels des Modeliersteins und der Schurzdifferenzierung mittels des Flacheisens. In beiden Herstellungsprozessen findet sich aber eine stilistisch identische Handschrift. An einer anderen Statue wich der Steinmetz, der den Körper modellierte vielleicht zur Basis aus und gestaltet dort die Füße oder wechselte gar an eine andere Statue, so dass individuelle Handschriften innerhalb eines Statuenkomplexes an unterschiedlichsten Körperkompartimenten und in unterschiedlichen Herstellungsprozessen aufgefunden werden können.

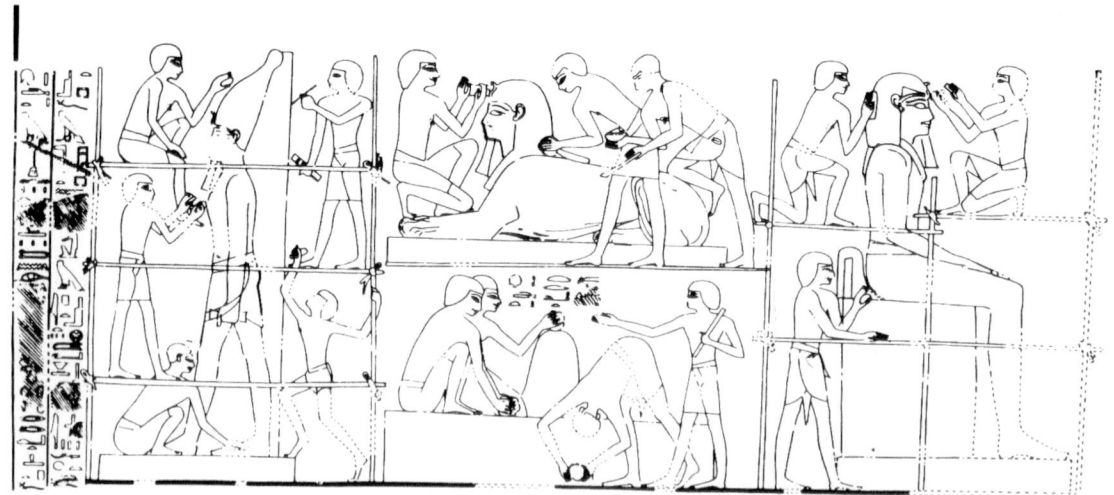

Abb. 1: Darstellung des arbeitsteiliges Verfahrens der Statuenherstellung im Grab des Rechmire

---

[82] Schon C. Aldred konnte keine besondere Werkzeugdifferenzierung bei Bildhauern, Tischlern und Steinmetzen erkennen. Aldred, Cyril, „Bildhauer und Bildhauerei", in: Helck, Wolfgang u. Otto, Eberhard (Hgg.), *Lexikon der Ägyptologie*, Bd. I (A-Ernte), Wiesbaden 1975, S. 801.

Auf Grund dieser Vorgehensweise konnten aus den Ergebnissen einzelner Herstellungsprozesse und deren Produzententeams, die Arbeitsorganisation der Statuenherstellung ermittelt werden, deren Strukturierung drei auffällige Brüche dokumentierte. Dieser Befund führte zur Rekonstruktion einzelner, in sich geschlossener Herstellungskomplexe, die jeweils im Steinbruch, der Werkstatt und am Aufstellungsort in einem engen Zeitrahmen fertiggestellt werden mussten, was zu deutlichen Arbeitsabbrüchen in einzelnen Herstellungsprozessen führte.

Herstellungsprozess im Steinbruch
1.   Herstellungsprozess: Die grobe Formgebung

Herstellungsprozesse in der Werkstatt
2.   Herstellungsprozess: Das in Fase-Stellen
3.   Herstellungsprozess: Das Anarbeiten der in Fase-gestellten Statue
4.   Herstellungsprozess: Die Modellierung von Augen, Mund und Ohren
5.   Herstellungsprozess: Die Differenzierung der Körper- und Gesichtsformen
6.   Herstellungsprozess: Die Modellierung der Körperkompartimente

Herstellungsprozess am Aufstellungsort
7.   Herstellungsprozess: Die Ausführung von Muster und Details
8.   Herstellungsprozess: Die Kolorierung

Im Folgenden werden die Spuren der einzelnen Arbeitsschritte in den jeweiligen Herstellungsprozessen vorgestellt, die zu einer Rekonstruktion des Herstellungs-ablaufs der zehn Lischter Sitzstatuen führten.

Herstellungsprozess im Steinbruch
Über die einzelnen Arbeitschritte, die im Steinbruch durchgeführt wurden, haben sich kaum Werkspuren an den Statuen erhalten. Dennoch können Untersuchungen der Steinbruchtechnologie und die, in den Steinbrüchen aufgegebenen Statuen zur Rekonstruktion des Herstellungsprozesses von Kalksteinstatuen im Steinbruch des Mittleren Reiches dienen.
Im großen Umfang wurden Werkspuren und aufgegebene Artefakte von R. Klemm und D. Klemm in verschiedenen Steinbrüchen Ägyptens untersucht. Da Werkspuren auch als Datierungskriterien dienen, konnten sie unterschiedliche Steinbruchtechnologien einzelnen Epochen zuordnen. So zeigte sich, dass die Oberfläche der Steinblöcke durch das Abspitzen mit dem Spitzeisen erfolgte und im Mittleren Reich ein Schlagmuster kurzer, eng beieinander liegender, etwas unregelmäßiger, aber schräg im Verlauf gesetzter Spitzeisenschläge aufweist.[83]

In dieser Technik wurden die Flächen in bahngespitzter Weise eingeebnet,[84] auch abbossieren genannt, und waren somit für die weitere Vorgehensweise vorbereitet.
Im Kalksteinbruch von Sawiet Sultan fanden die Klemms eine in ihrer Vorzeichnung verbliebene Schreitstatue Amenophis III., an der die Vorgehensweise im Steinbruch exemplarisch aufgezeigt werden kann.[85] Erhalten geblieben ist das Motiv einer Schreitstatue, die auf der bossierten Oberfläche des Steinblocks angeschrieben und dann mit einem spitzen Werkzeug nachgezogen, d.h. in den Stein geritzt wurde. Die gezogenen Linien wurden anschließend mit Kreide nachgezogen und somit sichtbar gemacht. Der angeschriebene Riss ist in diesem Fall eine verlorene Zeichnung, eine Umriss- oder Konturzeichnung, die durch die Bearbeitung des Steins verloren geht. Im selben Verfahren zog man eine zweite Kontur für das grobe Zurichten der Statue, die Kontur einer Sicherheitsbosse. Um diese wurden – zum Teil in einem großzügigen Abstand – die Trennfugen zum Auslösen des Werkstücks angelegt. Man löste also, in einer äußerst ökonomischen Weise, nur so viel Gestein aus dem Felsen, dass die Sicherheit der Statue durch eine großzügige Gesteinsschicht gewährleistet war und bei der Statuenherstellung so wenig Gestein wie möglich mit dem Steinhammer und dem groben Spitzeisen entfernt werden musste.[86] Der Riss einer Lischter Statue mag daher im Steinbruch ähnlich angelegt und bearbeitet worden sein

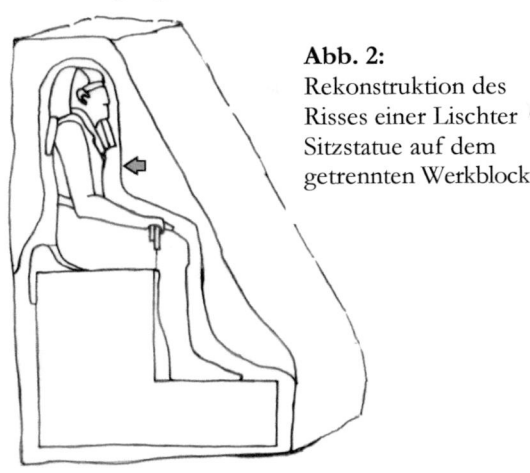

Abb. 2:
Rekonstruktion des Risses einer Lischter Sitzstatue auf dem getrennten Werkblock

[83] Klemm, Rosmarie u. Klemm, Dietrich, *Steine und Steinbrüche im Alten Ägypten*, Berlin, Heidelberg etc., 1992, S. 263-265.

[84] Jakob, Sepp u. Leicher, P. Donatus M., *Schrift + Symbol in Stein, Holz und Metall*, München 1977, S. 272, „Lange Schläge mit dem Spitzeisen zur Begradigung der Fläche und kurze Schläge um die Form zu modellieren. Diese Arbeitsmethode steht im Gegensatz zum „netzgespitzten".
[85] Klemm, Rosmarie u. Dietrich, *a. a. O*, S. 96, Abb. 101 u. 102.
[86] Freed, Rita Evelyn, „Schönheit und Vollkommenheit – zur pharaonischen Kunst", in: Schulz, Regine u. Seidel, Matthias (Hgg.), *Ägypten. Die Welt der Pharaonen*, Köln 1997, 331, „Die Steinmetzen, stets praktisch veranlagt, bearbeiteten die Blöcke schon im Steinbruch auf die ungefähre Form der späteren Skulptur, so daß nicht mehr transportiert werden mußte als notwendig."

1. Herstellungsprozess:
   Die grobe Formgebung

War der Riss aufgezeichnet so wurde die grobe Form der Figur mittels Säge gelöst und mittels Spitzeisen bis zur Sicherheitsbosse weiter konkretisiert. Mit dem groben Spitzeisen und dem schweren Zuschlaghammer wurden die höheren Steinschichten abbossiert und dadurch einzelne Kompartimente in einige einfachere Formen zusammengezogen. Durch diese Abspitztechnik wurden die groben Proportionen der Statue festgelegt, so die Breite von Nemes, Schultern, Ellenbogen, Knie und Füßen wie auch die Form und Lage von Kopf, Nemes, Armen und Beinen. Die Figur zeigt in diesem Zustand keine Details, da sie noch in einer Sicherheitsbosse steckt, die sich in einer 1-3 cm breiten Schicht über der letztendlichen Statuenoberfläche befindet.[87] Dieses Vorgehen wurde in verschiedenen Schichten wiederholt, bis man allmählich zu feineren Werkzeugen übergehen konnte. Dieser Arbeitsgang wird Göbern oder Grobhauen[88] der Statue genannt.

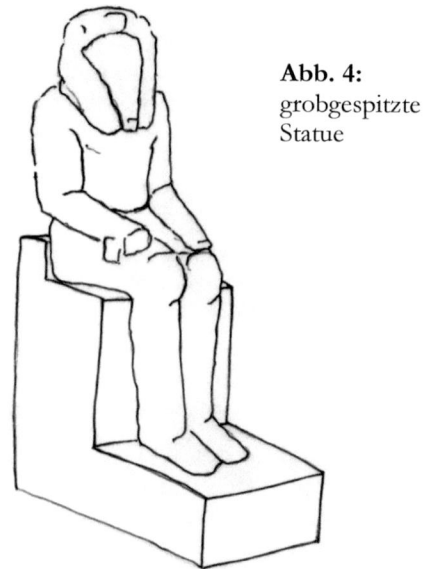

Abb. 4:
grobgespitzte
Statue

Abb.3:
gesägte Statue

Reste der Abspitztechnik finden sich nur an der Innenseite des linken Fußes von CG 414, dessen Ferse und Knöchel in der Bosse verblieben sind. Das Spitzeisen wurde hier modellierend eingesetzt, denn die Spitzeisenspuren sind durch kurze Schläge kreuzartig neben- und übereinander zum Runden einzelner Statuenkompartimente gesetzt worden. Diese Arbeitstechnik wird netzgespitzt genannt.[89]

Abb. 5: Schlagmuster netzgespitzt

Der so gestaltete Werkblock wurde mit ziemlicher Wahrscheinlichkeit im Steinbruch hergestellt,[90] weil dem Transport dadurch eine erhebliche Gewichts-reduzierung zugute kam. Da Kalksteinstatuen für Transportschäden deutlich gefährdeter waren als Hartgesteinstatuen, wurden sie in einem früheren Fertigungsstadium zum Aufstellungsort oder der davor liegenden Werkstatt transportiert. Die Sicher-heitsbosse diente dabei zum Schutz der Statue gegen Beschädigungen.

[87] Martini, Wolfram, *Die Archaische Plastik der Griechen*, Darmstadt 1990, S. 43, " [...] gemäß der Vorzeichnung wurden die vier Seiten des Blocks nacheinander mit dem Spitzhammer, eventuell auch mit einem stumpfen Meißel oder einem Spitzmeißel bis auf 2-3 cm Abstand zur endgültigen Oberfläche abgespitzt."
[88] Téply, Bohumil, *Bildhauerische Reproduktion*, Ulm 1980, S. 61.
[89] Jakob, Sepp u. Leicher, P. Donatus M., *Schrift + Symbol in Stein, Holz und Metall*, München 1977, S. 272.

[90] Téply, Bohumil, *Bildhauerische Reproduktion*, Ulm 1980, S. 17, „An großen Figuren wurde ein bedeutender Teil der Bildvet, der verbindliche Arbeitsvorgang verband die Arbeit im Steinbruch (bei kleineren Figuren in der Werkstatt) mit der Arbeit an Ort und Stelle - nach dem Versetzen."

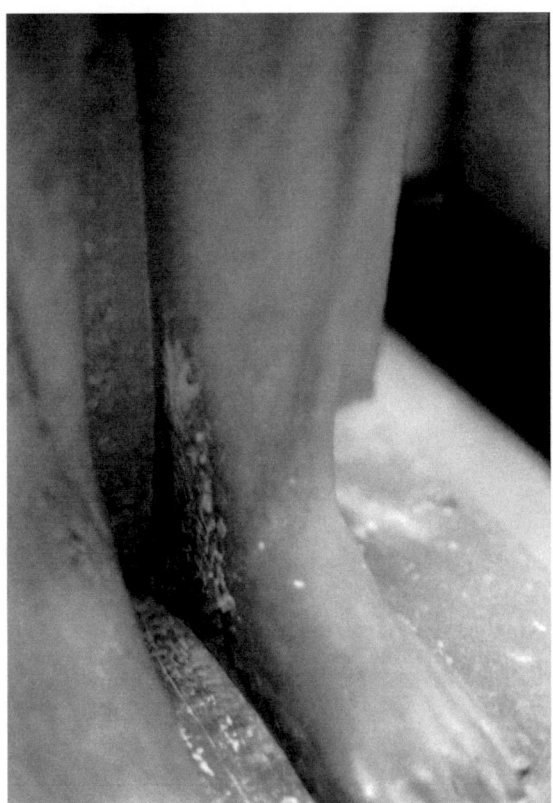

Abb. 6: netzgespitzte Fußinnenseite (CG 414)

Da das Spitzeisen das universale Steinbruchwerkzeug war, mit dem nicht nur Trennfugen herausgespitzt, sondern sowohl Baublöcke als auch Statuenblöcke zugerichtet wurden, kamen die Statuen vermutlich in einem grobgespitzten Zustand in die Werkstatt. Bei weichen Gesteinen wie dem Kalkstein ist es aber auch durchaus möglich, dass die Statuen in einer grob gesägten Form transportiert und dann erst in der Werkstatt abgespitzt wurden. Durch die Vermeidung aufwendiger Werkzeugwechsel wurde somit eine höchst ökonomische Zeit- und Personenorganisation erreicht.

Herstellungsprozesse in der Werkstatt

Grundrisse von Werkstätten wurden in Ägypten nur selten ausgegraben. Man kennt aber aus literarischen Referenzen die Namen der Pyramidenstätten, in denen die Arbeiter untergebracht waren. Häufig verweist der „Bildhauermüll", also Materialansammlungen von Kalksteinsplittern, aufgegebenen Werkzeugen und Artefakten auf eine lokal eingerichtete Werkstatt hin. In Ägypten brauchte man keine massiven Häuserkomplexe zum Arbeiten, sondern es wurde meist unter freiem Himmel, zumeist durch Rieddächer von der Sonne geschützt, gearbeitet.

Ansammlungen von Bildhauermüll und Riedstroh entdeckte auch D. Arnold bei seiner Untersuchung des Totentempelgeländes Sesostris'I. und konnte dadurch die Werkstätten für die Bearbeitung von Turakalksteinblöcken in der Nordwest und Nordostecke der äußeren Umfassungsmauer lokalisieren.[91] An diese Werkplätze wurden die gegröberten Statuen aus dem Steinbruch angeliefert und im folgenden weiter bearbeitet.

2. Herstellungsprozess: Das in-Fase-Stellen

Nach dem Arbeitsgang des Abgespitztens erfolgte das Einebnen der abgespitzten Fläche mit dem breiten Flacheisen. Diese Arbeit wird von den modernen Steinmetzen mit dem Scharriereisen ausgeführt, weshalb dieser Arbeitsgang auch scharrieren genannt wird.

Die Spuren dieses Arbeitsschrittes finden sich am deutlichsten an der Basis von CG 411, die in kurzzügigen Schlägen eingeebnet wurde und daher eng nebeneinander liegende Schneidspuren des Scharriereisens aufweist.

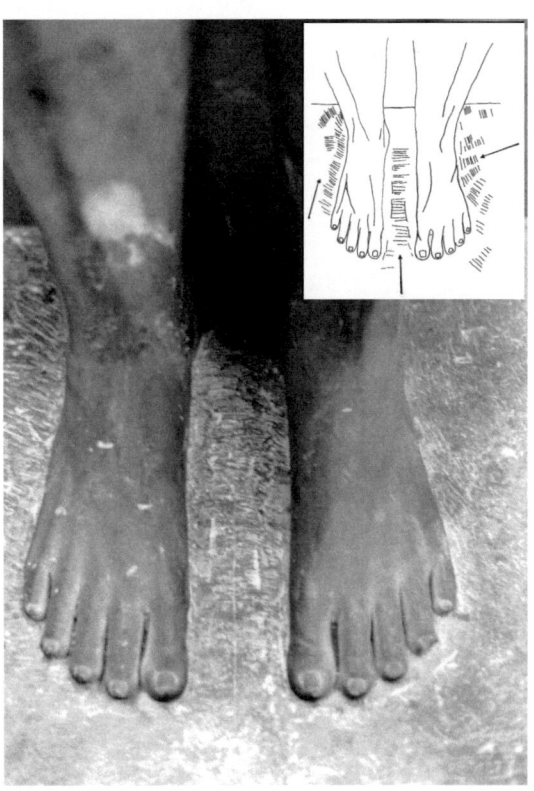

Abb. 7: Basis mit Scharrier- und Beizspuren (CG 411)
Abb. 8 (Inlay): Umzeichnung der Scharrierspuren an der Basis von CG 411

[91] Arnold, Dieter, *The Pyramid of Senwosret I*. The South Cemeteries of Lisht I, Publications of the Metropolitan Museum of Art, Egyptian Expedition XXII, New York 1988, S. 85-86.

Das selbe Werkzeug wurde genutzt, um die Rundungen einzelner Statuenkompartimente anlegen zu können. Um einen runden Körper herzustellen, wurde dieser erst durch mehrere aneinander grenzende Hilfsflächen konstruiert. Diese Hilfsflächen werden Fasen genannt.[92] Durch das in Fase-Stellen wird die Sicherheitsbosse auf Grund gearbeitet, d.h. die letztendliche Oberfläche erreicht.

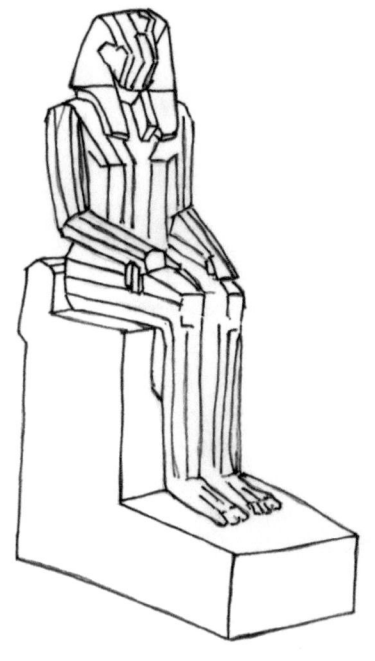

Abb. 10: Statue in-Fase-gestellt

Spuren dieses Herstellungsprozesses sind am Rücken und der Rückseite des Nemes von CG 415 in vertikalen Streifen erhalten geblieben. Zum Teil finden sich auch noch Reste schmaler Fasen im Gesicht über den Augen. Es ist aber davon auszugehen, dass auch der restliche Körper in ähnlichen Arbeitsgängen gerundet und für die weitere Detaillierung vorbereitet worden war.

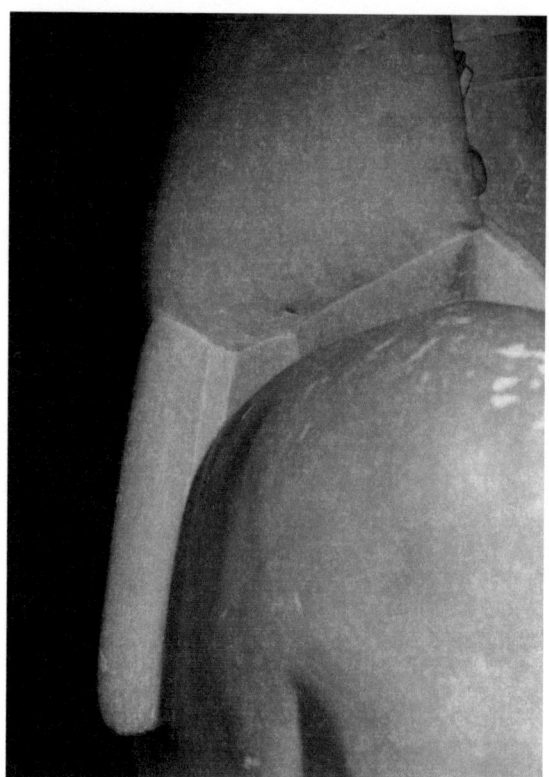

Abb. 11: Reste von Fasen (CG 415)

Durch das in Fasen-Stellen der Skulptur wurden die kleineren Details der Statuen definiert und die einzelnen Körperkompartimente auf Grund gearbeitet. Auf die Teilflächen wurden die Konturen der Statue neu formuliert und damit die Stellen gekennzeichnet, die durch die nächsten Arbeitsschritte entfernt werden sollten. Der Herstellungsprozess des in-Fase-Stellens konnte nur in weichen Gestein durchgeführt werden, da Hartgestein nicht mit dem Scharriereisen bearbeitet, sondern nur mit dem Steinhammer gepickt, also die Oberfläche zermürbt werden konnte.

3. Herstellungsprozess: Anarbeiten der in-Fase-gestellten Statue

Die in-Fase-gestellten Flächen wurden aus Sicherheitsgründen – im weiteren Verlauf – mit feineren Werkzeugen angearbeitet. Zur weiteren Differenzierung der Statue kamen in diesem Herstellungsprozess das Beiz- oder schmale Flacheisen zum Einsatz. Mit diesem wurden Gliedmaßen wie Finger, Zehen und Ohren gerundet und unterstemmt oder Hilfskonstruktionen, wie Glutäen- und Schurzsteg, ausgestemmt.

---

[92] Berufsbildungswerk des Steinmetz- und Bildhauerhandwerk e.V. (Hg.), *Die überbetriebliche Ausbildung im Steinmetz und Steinbildhauer – Handwerk,* (Loseblattsammlung), Bd. 2: Grundtechniken der Steinprofilierung, S. 30, „Die Fase ist das einfachste Glied der Profilierung. Sie wird auch durch das in Fase-Stellen der Profile als Hilfsfläche oder Hilfsebene angearbeitet. Die höchsten Profilpunkte liegen dabei immer auf der Ebene der Fasenfläche."

Durch das Unterarbeiten einzelner Gliedmaßen wurden Körper und Thron voneinander getrennt und konnten so auch optisch als eigenständige Form in Erscheinung treten. Exemplarisch zeigt sich dieser Arbeitsgang an der Basis von CG 411. Zunächst wurde mit dem Beizeisen der Fuß schräg unterstemmt und dabei eine Art Falz herausgearbeitet. Danach trieb man das schräg gestellte Beizeisen entlang der Fußkontur und beizte dadurch die Sicherheitsbosse ein.

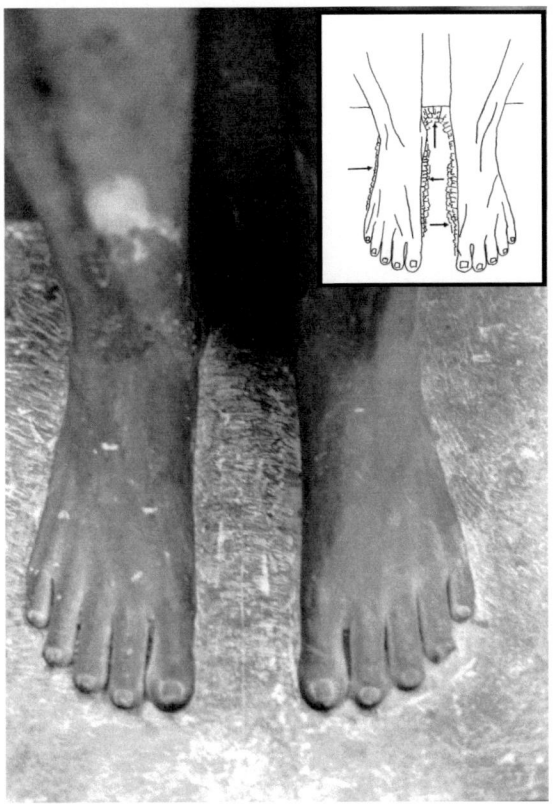

Abb. 12: Basis mit Scharrier- und Beizspuren (CG 411)
Abb. 13 (Inlay): Umzeichnung der Beizspuren an der Basis von CG 411

In der selben Technik wurden kleinteilige Statuenkompartimente, wie der Brustlappen, unterarbeitet. Der Befund an CG 420 zeigt deutlich, dass der Brustlappen zunächst als geschlossene Form angelegt war, denn der ursprüngliche Verlauf hat sich noch als punktierte Kontur durch die zu tief getriebenen Flacheisenspuren erhalten. Diese Bauern[93] verursachte die Kante der Scharriereisenschneide, die hier mit kurzen Schlägen entlang der ursprünglichen Brustlappenkontur geführt wurde, als man die Oberfläche der Brustpartie einebnete, also in Fase-stellte.

---

[93] Berufbildungswerk des Steinmetz- und Bildhauerhandwerk e.V. (Hg.), *Die überbetriebliche Ausbildung im Steinmetz und Steinbildhauer – Handwerk,* (Loseblattsammlung), Bd. 1: Einführung in die manuelle Steinbearbeitung, S. 68, „Die Spitzeisenhiebe dürfen keineswegs tiefer liegen als die gezogenen Randschläge, weil die herzustellende Fläche dann Löcher aufweisen würde. Der Fachmann bezeichnet dieses zu tief gearbeiteten Stellen als »Bauern«.“

Erst vor der letzten prononcierten Modellierung der Körperplastizität unterstemmte man den Brustlappen, denn das Schlüsselbein wurde in den abgearbeiteten Beizstreifen hineinmodelliert.

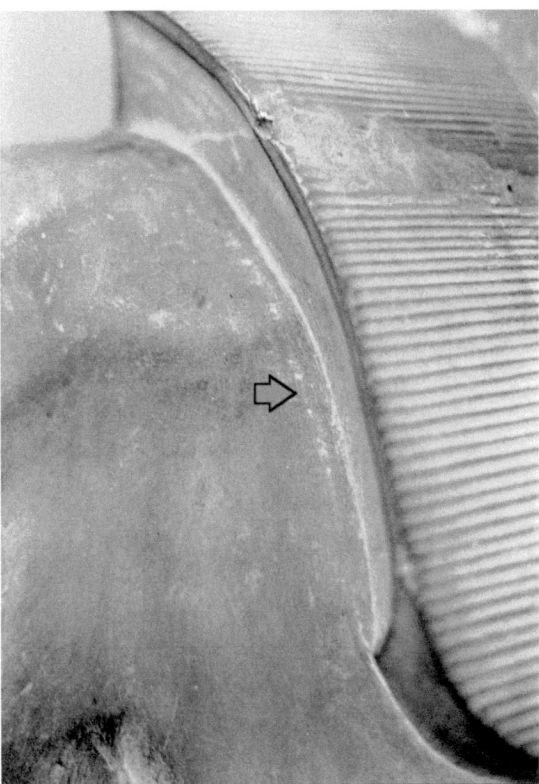

Abb. 14: scharrierte und unterstemmte Kontur des Brustlappens (CG 420)

4. Herstellungsprozess: Die Modellierung von Augen, Mund und Ohren

Vor der weiteren Differenzierung des Körpers wurden zunächst die Kompartimente des Gesichtes definiert, die eine höhere Wertigkeit haben. Die Lage von Mund, Auge und Augenbrauen sowie die grobe Form der Ohren wurden schon durch den Herstellungsprozess des in Fase-Stellens festgelegt, verblieben dann aber in der Bosse, um in einem späteren Herstellungsprozess in ihren Details ausgeführt zu werden. Die kleinteiligen Kompartimente wie Augen und Mund, durch deren Realisierung das repräsentative Bildnis des Herrschers erst entstand, lagen mit Sicherheit in der Hand des Meisters.

Dass das Anlegen der Gesichtsproportionen und die Ausführung der Gesichtsdetails in zwei getrennten Herstellungsprozessen erfolgte, kann durch den Fertigungszustand des Kopfes von CG 415 nachgewiesen werden. So haben sich hier Reste der Teilflächen des in Fase-Stellens noch erhalten, d.h. die plastische Gestaltung des Inkarnats wurde an dieser Statue noch nicht fertiggestellt, während Augen-, Mund- und Ohrmodellierung im nächsten Herstellungsprozess ausgeführt wurden.

Abb. 15: Fasenreste über den Augenpartien (CG 415)

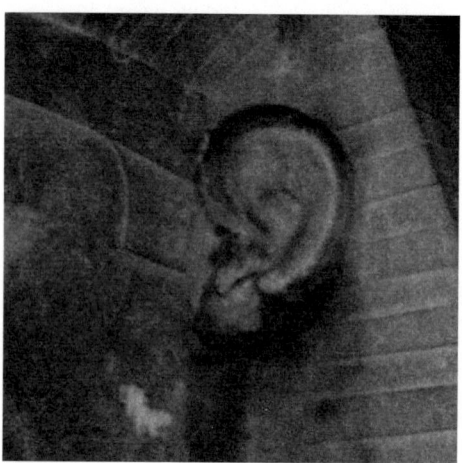

Abb. 16: Ohr in Bosse (CG 416)

Es konnte aber auch die plastische Gestaltung des Inkarnats abgeschlossen sein, wie an CG 416 und dafür die Ohrmodellierung nicht mehr zur Ausführung kommen. Sie sind an CG 416 noch in der Bosse verblieben.

Derartige Fertigungszustände sind uns auch durch Bildhauerstudien erhalten und dokumentieren einen flexiblen Arbeitseinsatz der Spezialkräfte.

5. Herstellungsprozess: Die Differenzierung der Körper- und Gesichtsformen

Nun erfolgte die weitere Differenzierung der Formen, denn nach der groben Rundung in Teilflächen war die Figur formal gelöst. Zur Ausführung kleinteiliger Details kamen nun feinere Werkzeuge wie das Bildhauereisen zum Einsatz. Bei Statuen aus weichen Gesteinsarten wie Marmor, Kalkstein und Serpentin kann die Oberflächenmodellierung sogar durch Schleifen und Polieren vollendet werden.

Dieser Herstellungsprozess zeichnet sich also durch eine Werkzeugkombination von Flacheisen und Modellierstein aus. Da das Material sehr weich ist, eignete sich der Modellierstein zum Anarbeiten der Fasen und im besonderen für das Anlegen zarter Bewegungen im Inkarnat, für die nicht allzu tief in das Gestein eingedrungen werden musste. Die Plastizität von Bauch, Brust und Gesicht sowie der Verlauf der Linea Alba und der Bauchfalten konnten daher mit dem selben Werkzeug ausgeführt werden. Dafür nutzte man die Spitze des Modelliersteins, die durch das Hin- und Herreiben Furchen oder breite Muldungen erzeugte. In der selben Weise fuhr man die kantig abgesetzte Kontur der Brust nach und erreichte dadurch einen weich modellierten Übergang von der Brust zum Inkarnat des Bauches.

Hatte man die Fasenkanten weggeschliffen und die Statuenoberfläche plastisch anmodelliert, wurden mit dem Flacheisen der Verlauf des Gürtels, die Kontur von Bart- und Stirnband angelegt und somit Körper und Königsornat voneinander getrennt. Der modellierende Einsatz des Bildhauereisens zeigt sich am Warzenhof der linken Brustwarze von CG 416, der allerdings nur an dieser Statue begonnen wurde. Um die Form des Warzenhofes zu definieren und optisch hervortreten zu lassen, wurde das Inkarnat mit dem Bildhauereisen unterstemmt.

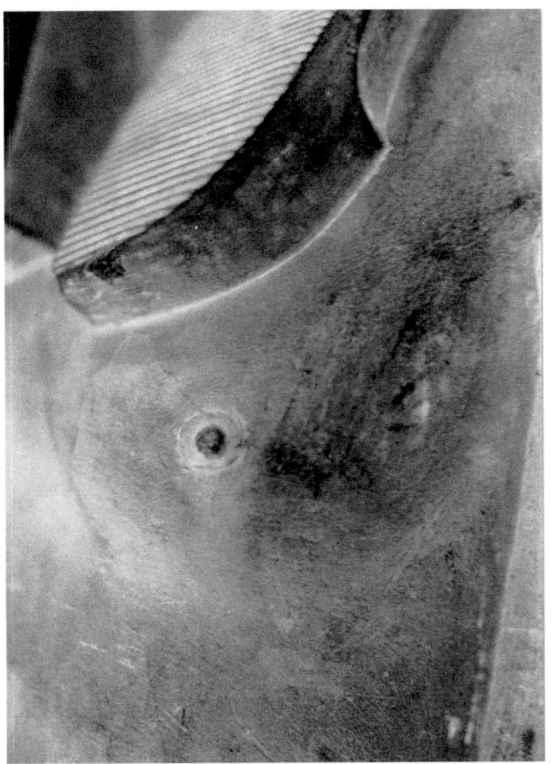

Abb. 17: unterstemmter Warzenhof (CG 416)

Zur Ausführung des Bauchnabels konnte sowohl das Flacheisen, das als Handbohrer eingesetzt wurde, als auch der Hohlbohrer eingesetzt werden, dessen kreisrunder Bohrrand und Reste des ausgestemmten Bohrkerns an CG 415 deutlich sichtbar sind.

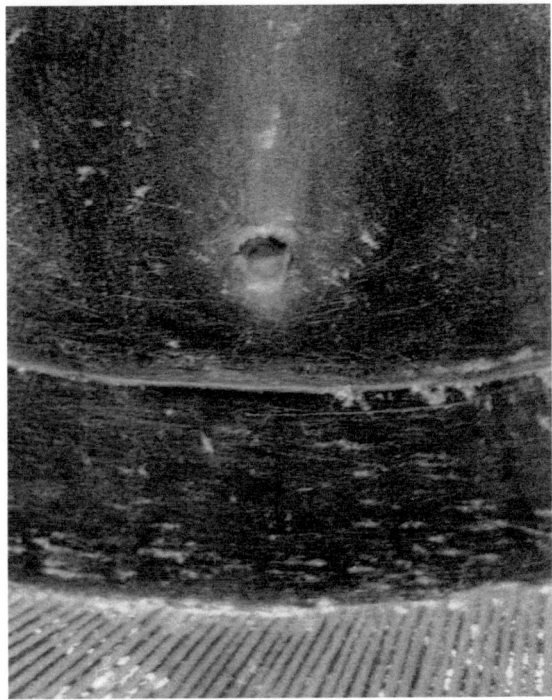

Abb. 18: Bohrrand und ausgestemmter Bohrkern am Nabel von CG 415

6. Herstellungsprozess: Die Modellierung der Körperkompartimente

Die auffälligen plastischen Durchgestaltungen von Armen und Beinen wurden in einem eigenständigen Herstellungsprozess durch geführt. Für diesen Herstellungsprozess wurden wiederum Modellierstein und Flacheisen genutzt. Die Füße sind in ihrer Plastizität und ihren Details an allen Statuen fertiggestellt, aber in der plastischen Ausgestaltung der Hände und Knie zeigen sich deutliche Fertigungsdifferenzen.

Die Unterschiede in den Ausführungen zeigen sich besonders deutlich in der Gegenüberstellung von CG 413 und CG 411. Während an CG 413 die Finger der Faust schon gerundet sind, weisen die Arme kaum eine Oberflächenbewegung auf und auch die Knie zeigen gerade mal eine angearbeitete Fasenoberfläche. An CG 411 hingegen sind besonders die Knie durch eine ausgeprägte Bewegung des Inkarnats gekennzeichnet, die die Definition einiger anatomischer Details zulässt, wie den äußeren und inneren Schenkelmuskeln, die das Knie umfassen, der knochigen Struktur der äußeren Oberschenkelknorre und des Schneidermuskels, der sich unter dem Schurz wulstig aufstaucht und sich unter dem Knie mit dem Schienbeinhöcker verbindet.

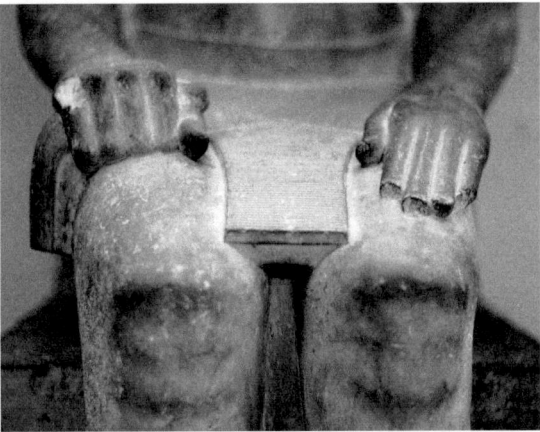

Abb. 19: verhaltene Modellierung (CG 413)

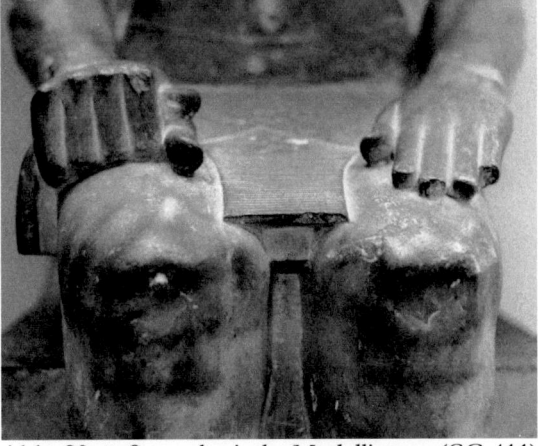

Abb. 20: äußerst plastische Modellierung (CG 411)

Herstellungsprozesse im Tempel

Ob der letzte Herstellungsprozess der Detaillierung noch in der Werkstatt oder schon vor Ort im Tempel ausgeführt wurde, kann nicht mehr mit Sicherheit bestimmt werden. Zwei Gründe sprechen allerdings für eine Fertigung vor Ort. Dies ist zum einen die Technik, die bei manchen Arbeitsgängen sehr der Reliefstechnik ähnelt, weshalb diese Details auch durch die Arbeitsgruppe der Steinmetzen ausgeführt werden konnten, die für die Reliefs an den Thronseiten verantwortlich waren. Die Reliefs an den Thronseiten wurden nicht in der Werkstatt erstellt, sondern von der Steinmetzengruppe, die die Reliefs an den Wänden und an den Statuenthronen in einem Arbeitsablauf ausführten, vor Ort durchgeführt. Natürlich konnten die Reliefschneider, da sich die Steinmetzenwerkstatt in der Nähe des Totentempels befand, zwischen Werkstatt und Tempelwänden hin- und hergependelt sein. Dies würde allerdings im deutlichen Gegensatz zu der ökonomischen Arbeitsstruktur stehen, die bisher im Befund festgestellt wurde. Zum anderen waren die feinen Details an den Statuen durch den Transport gefährdet, was ebenfalls für eine Ausführung der Details am Aufstellungsort spricht. Hinzu kommt, dass für beide Herstellungsprozesse die gleichen Werkzeuge gebraucht wurden, für die Vorzeichnung der Texte an den Thronreliefs und den Kartuschen am Gürtel vielleicht auch die selben schreibkundigen Vorzeichner zum Einsatz kamen.

Die Bemalung der Statuen lag vermutlich in den Händen der selben Arbeitsgruppe, die auch die Tempelwände bemalte. Auch hierbei wäre es ein unnötiger organisatorischer Aufwand gewesen, hätten die Arbeiter für die Bemalungen von Wand und Statuen zwischen Werkstatt und Tempel hin- und herwandern müssen. Daher kann auch für diesen abschließenden Herstellungsprozess davon ausgegangen werden, dass er im Tempel am geplanten Aufstellungsort ausgeführt wurde.

7. Herstellungsprozess: Die Ausführung von Muster und Details

In diesem Herstellungsprozess wurden das Schurz- und Nemesmuster, die Bartsträhnen sowie die Gürtelkartusche und die Neun Bogen unter den Füßen der Statuen erstellt. Die einzelnen Arbeitsschritte dieses Herstellungsprozesses sind am besten dokumentiert, da ihre Werkspuren nicht mehr überarbeitet wurden. Es kommen verschiedenste Werkzeuge wie Hohleisen, Bildhauereisen, Ritzer und vermutlich sogar das Messer zum Einsatz.

Sehr detailliert haben sich die einzelnen Fertigungsschritte für die Herstellung des Schurzmusters erhalten. Nachdem der Verlauf der oberen Gürtelkontur schon im Herstellungsprozess der Körperdifferenzierung herausgebeizt wurde, wurden nun die untere Gürtelkontur und das Plissee des Schurzes in roter Farbe angeschrieben. Anschließend führte man zunächst das Muster auf der Vorderseite aus, da diese als Schauseite Priorität genoss. Diese weist nur an CG 420 Fehlstellen auf.

Abb. 21: Fehlstellen am Plissee (CG 420)

Bei der Ausführung des Schurzmusters an den Seiten des Schurzes wurden zwei Vorgehensweisen deutlich, die in den Vorlieben zweier Individuen begründet liegen.

Bei der Vorgehensweise I wird zunächst die Form des Schurzes vervollständigt, indem die Kontur des Schurzrandes unterstemmt wird und dieser somit optisch hervortritt. Vom Schurzrand ausgehend hob man dann eine segmentbogenförmige Schurzfalte in kurzzügigen Schlägen Richtung Gürtel aus.

Abb.22: Oriertierungsfurche zur Herstellung des Plissees (CG 414)

Bei der Vorgehensweise II wurde zunächst auf das Herausarbeiten des Schurzrandes verzichtet und vom Gürtel ausgehend mit dem Ausheben des Musters begonnen. Die einzelnen Schritte dieser Vorgehensweise haben sich exemplarisch am Schurz von CG 416 erhalten.

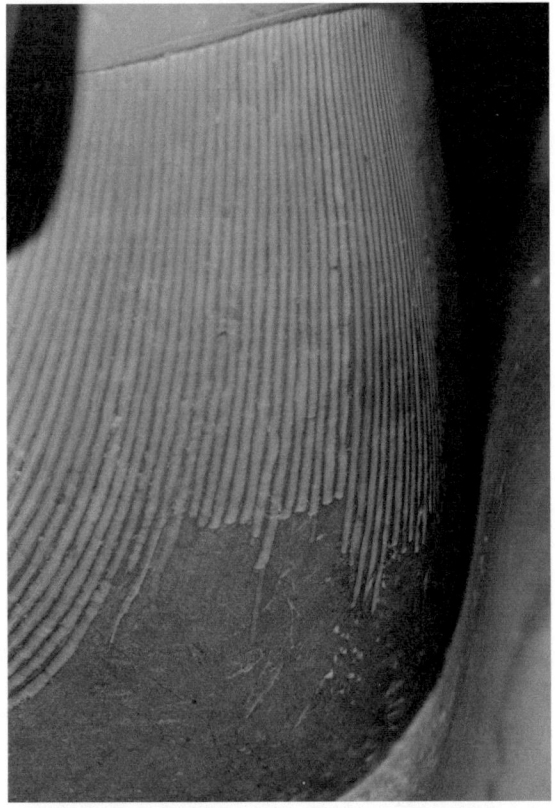

Abb. 23 Werkspuren der Hohleisenschneide am Gürtelrand (CG 416)

Im Glutäenbereich wurde zunächst von unten nach oben zum Gürtelrand hin gearbeitet. Die Austrittsspur des Eisens erzeugte den Abdruck einer gebogenen, jedoch gerade abschließenden Schneide unter dem Gürtelrand, die heute mit einem Hohleisen identifiziert werden würde.

Danach wurde das Werkzeug entgegengesetzt in Richtung Schurzrand angetrieben. Dabei fällt auf, dass mehrere Hohlrillen übereinander immer in Abschnitten ausgehoben wurden und nicht wie bei Vorgehensweise I eine Hohlrille in einem Arbeitsgang vom Schurzrand bis zum Glutäus durchgeführt wurde. Des Weiteren zeigt sich an CG 416 ein dauernder Werkzeugwechsel, denn die darüber liegenden Hohlrillen weisen jeweils eine Ritzlinie in der Rillenmitte auf, die durch das Begradigen des Randes mittels des Flacheisens erzeugt wurde. In den darunter liegenden Hohlrillen haben sich hingegen die rhythmischen Schlagspuren des Hohleisens erhalten. So wurden zunächst einige Hohlrillen bis zur Biegung um den Glutäus angetrieben und dann in ihren Rändern begradigt. Anschließend legte man etwa 5 Falten um die Biegung herum bis zum Schurzrand an, wobei die oberste Hohlrille immer etwa 10 cm vor der unteren endet, die sich wiederum an deren Verlauf orientiert. Wenn dann zwei oder drei Hohlrillen an der Kontur des Schurzrandes angekommen waren, wurden sie durch eine Ritzlinie miteinander verbunden. Waren etwa 10 Hohlrillen durch eine Linie miteinander verbunden, so wurde diese unterstemmt und dadurch der Schurzrand optisch hervorgehoben.

Abb. 24: Einzelne Arbeitschritte der Plisseefertigung (CG 416)

Das Unterstemmen des Schurzrandes hinterließ auf dem Oberschenkel Spuren einer schmalen Flacheisenschneide. Daher wurde die Oberfläche anschließend poliert, um auch die restlichen Werkspuren zu beseitigen. Durch diese Politur erscheint der Streifen Inkarnat entlang des Schurzrandes glatter als am restlichen Oberschenkel.

Abb. 25: Werkspuren von Hohl- Bildhauereisen und Ritzer am Schurzrand (CG 416)

Abb. 26: polierter Beizstreifen am Schurzrand (CG 416)

Für die Herstellung des Nemesmusters kann, aufgrund der unterschiedlichen Fertigungsstadien, ebenfalls eine genauer Fertigungsablauf rekonstruiert werden. Hier kam das feine Bildhauereisen oder vielleicht sogar das Messer zum Einsatz, da die gezogenen Musterkonturen nur ganz zart unterarbeitet sind, was auch mit dem Messer erstellt werden kann. Nachdem die Form des Kopftuches definiert und der Brustlappen unterstemmt war, wurde vermutlich auch das Nemes-Zweistrich in roter Farbe vorgezeichnet, wovon sich allerdings keine Spuren erhalten haben. Dann stellte man zuerst das Plissee des Brustlappenmuster fertig, das bis an CG 415 und CG 417 an allen Statuen fertiggestellt wurde. Der nächste Arbeitschritt zeigt sich an CG 414, an der sich ein Mittelriss auf dem Kopf erhalten hat. Er diente als Messlinie zum Anlegen des Nemesmusters. Im werktechnischen Ablauf wurden zuerst die einzelnen Streifen durch Ritzlinien angelegt. Diese Linien wurden anschließend mit einem schmalen Flacheisen angebeizt und somit durch einen Einstich unterarbeitet. Dadurch wurde die Oberfläche des versenkten Streifens konvex gerundet und erscheint durch die verschatteten Ränder tiefer als der daneben liegende Streifen. Durch diese Technik wird weniger eine plastische Modellierung der Oberfläche als vielmehr ein optischer Eindruck hervorgerufen. Dies zeigt sich auch in der äußeren Kontur der Seitenflügel, die durch die versenkten und erhabenen Streifen keine Beeinträchtigung in ihrem geraden Verlauf erfahren hat. Das Schläfenhaar und das Muster des Zopfes wurden in der gleichen Technik erstellt.

Abb. 27: Nemes ohne Muster (CG 415)

Abb. 28: Plissee am Brustlappen (CG 413)

Für die Gürtelkartusche, die Neun Bogen und die Bartsträhnen kamen neben dem Bildhauereisen auch der Ritzer zum Einsatz.

Auf der Oberfläche des Bartes, die gerade, aber auch durch horizontal modellierte Haarwellen gegliedert sein kann, wurden die vertikalen Bartsträhnen mittels Ritzer gezogen. Statt einer roten Vorzeichnung wurde in der Mitte des Bartes eine Strähne vorgeritzt, die zumeist etwas dicker und tiefer in der Oberfläche liegt als die restlichen Bartsträhnen und somit als Vorlage diente. Die restlichen Strähnen wurden dem Verlauf folgend links und rechts vermutlich von den Gesellen weiter geführt. Somit wurde nicht nur die rote Vorzeichnung, sondern auch die Ritzlinie als Hilfsmittel im arbeitsteiligen Verfahren eingesetzt.

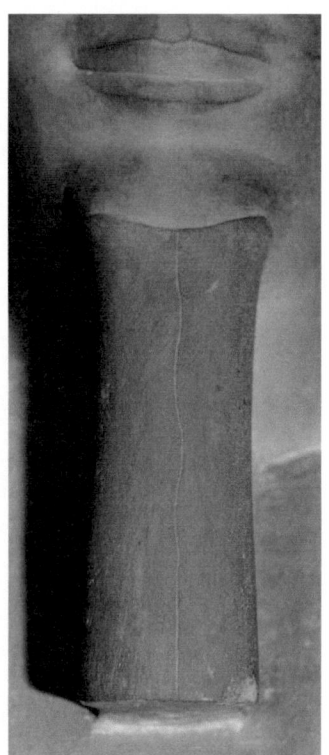

Abb 30: Orientierungssträhne (CG 416)

Abb. 29: vollständiges Muster am Nemes (CG 411)

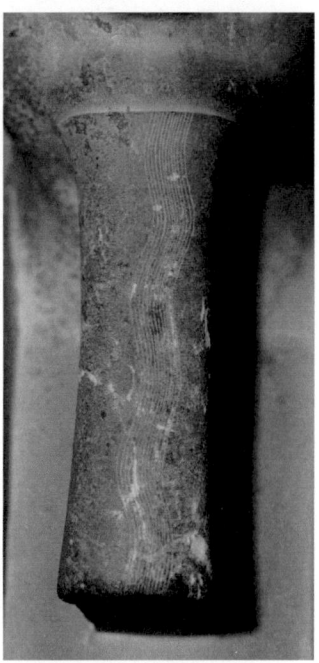

Abb. 31: unvollständige Bartdetaillierung (CG 413)

Die Binnenzeichnung des Gürtels und die Ausführung der Neun Bogen unter den Füßen der Statuen gehören ebenfalls zum Herstellungsprozess der Detaillierung. Die Ziernaht des Gürtels wurde mit roter Farbe angeschrieben. Die Hieroglyphen aber wurden vermutlich ohne rote Vorzeichnung mit dem Ritzer vorgezogen. Nachdem die Kartusche und Hieroglyphen vorgezogen waren, beizte man mit einem feinen Flacheisen entlang der Kontur und in einem zweiten Arbeitsschritt dagegen, wodurch die Hieroglyphenkontur bis zum Riss keilnutenförmig vertieft wurde. In der gleichen Technik wurde die Kontur der Neun Bogen unter den Füßen zu v-förmigen Kanälen erweitert.

Abb. 33: fertige Ausführung (CG 418)

Abb. 32: untere Ziernaht in roter Vorzeichnung und vorgezogenem ⬯ (CG 416)

8. Herstellungsprozess: Die Bemalung der Statuen

Als letzter Herstellungsprozess ist die Bemalung zu betrachten, die jedoch nur noch in Spuren an den Statuen vorhanden ist. So haben sich in den Augen Weiß, Rot und Schwarz in den Details erhalten, sowie Rest vom schwarzen Bartband. L. Borchardt hat bei seiner Untersuchung an CG 419 noch Rot und Gelb und Blau und im gemalten Uräusschild wahrnehmen können,[94] dass heute bis auf einige Reste von Rot gänzlich verblast ist. Die Kalksteinstatuen waren mit Sicherheit komplett bemalt und zeigten eine vergleichbare Kolorierung wie die im Aufweg aufgestellten Osirisstatuen.

---

[94] Borchardt, Ludwig, *Statuen und Statuetten von Königen und Privatpersonen II*, Catalogue général des Antiquités Égyptiennes du Musée du Caire 77, Berlin 1925, S. 28.

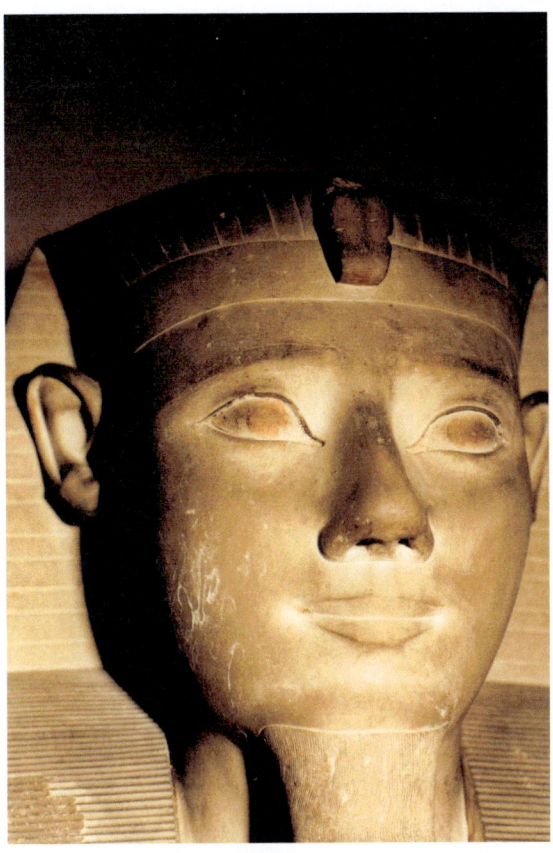

Abb.34: Reste der farbigen Fassung (CG 419)

Abb.35: farbige Fassung der Osirisstatue Sesostris' I. (CG 398)

Zusammenfassung

Die Untersuchung des Lischter Statuenkomplexes machte deutlich, dass kontextgesicherte Artefakte eine wertvolle Ressource für die Analyse der Werktechnik darstellen. Für ein Dekorationsprogramm konzipiert und daher unter einer Arbeitsadministration von einer Produzentengruppe in einem festgelegten Zeitrahmen erstellt, liefern kontextgesicherte Artefakte die Grundlagen, auf denen die Werktechnik, das Produktionsverfahren und die Arbeitsorganisation einer Produktgruppe untersucht und damit ein neuer Bewertungskatalog zur Analyse dekontextualisierter Werke geschaffen werden kann. Statt einer chronologischen Reihe von datierbaren Fixpunkten erhält man technologische Richtwerte kontextgesicherter Statuenkonvolute. Die Merkmalslisten, die an diesen Objekten erarbeitet werden, geben Bewertungsmöglichkeiten an die Hand, die Entscheidungen, ob ein Erscheinungsbild durch die Begrenztheit technischer Möglichkeiten, die semantische oder pragmatische Zielsetzung oder eine individuelle Handschrift bedingt ist, erst ermöglichen. Erst auf diesem Fundament können kontextisolierte Artefakte auf Lokal-, Werkstatt-, Residenz- oder Personengebundenheit untersucht werden.

Die umfangreichen Ergebnisse, die diese verfahrenstechnische und arbeitsorganisatorische Untersuchung eines kleinen kontextgesicherten Statuenkomplexes zu Tage brachte, stützten die Forderung W. Davis nach einer Archäologie des Produktionswesens, die einen neuen methodischen Umgang mit ägyptischen Artefakten erfordert, der nicht Statuen als Informationsträger dieser Kultur begreift, sondern als weitere Formen von Kommunikation, die ihren Inhalt nur in der Interaktion mit ihrem Kontext zugänglich machen.[95]

---

[95] Davis, Withney, "Style and History in Art History", in: Conkey, Margot Wright u. Hastorf, Christine Ann (Hgg.), *The Uses of Style in Archaeology*, Cambridge 1990, S. 26.